U0458590

Faith and the Creeds

Originally published by The Society for Promoting Christian Knowledge
Chinese-Simplified edition©2020 by Shanghai Joint Publishing Co. Ltd.
with permission of SPCK

信仰与信经

FAITH AND THE CREEDS

阿利斯特·麦格拉思（Alister E. McGrath）／著
李怡棉／译

上海三联书店

目录

引言

基督徒相信什么？他们为何相信？这信仰给他们带来什么改变？在这套“人人丛书”（Christian Belief for Everyone）中，我将探讨一些基本主题，它们都关乎这个单纯而真实的基督教信仰。

通过与教内外朋友私下的交流，我相信出版这套新丛书是有必要的。一些固定去教会礼拜的信徒告诉我，他们时常与自己的信仰“摔跤”——尽管他们完全准备好相信上帝，却无法完全认同教会谈论上帝的一些方式。另一些基督徒谈到他们常常对一些教义感到费解，比如三位一体。相反，很多教外人士则表示，这些教义能够激发人以新视角看待事物，他们着实被吸引。我和一些非信徒的对话常常会发生意想不到的转折：记得在与一位澳大利亚的无神论者聊天时，我向他解释了什么是三位一体，他居然说：“我理解了！再说详细点。”

我将在本套丛书中探讨基督教信仰的“全景”(big picture)。这一全景既可以解释我们的外在所见,也可以解释我们的内在经历。传统上介绍基督教信仰的方式倾向于讨论它的一些概念,如道成肉身、救赎或信经(稍后会作论述),似乎每个概念都是一个小盒子或一个水密舱,互不相连,需要一一开启并作独立探究。但我采用的方式将是突出统观全局的重要性,而非审查每个组成部分。因为在我看来,若要理解单个的教义,需要看到它们构成的全景。因此,丛书的第一册将从拍摄全景入手。随着对单个教义更深入的了解,接下来的四册书将转移到“快照”部分。当然,我不会试图面面俱到,但希望那些对基督教核心教义感兴趣的读者,愿意继续对这些问题进行更彻底的探究。

由于本书的写作对象主要是“普通”信徒,而非专业神学家或神职人员,因此书中恰当地汲取了20世纪三位伟大的平信徒神学家G. K. 切斯特顿(G. K. Chesterton, 1874 – 1936)、C. S. 路易斯(C. S. Lewis, 1898 – 1963)和多萝西·L. 塞耶斯(Dorothy L. Sayers, 1893 – 1957)的思想。这三位作家把握基督教本质的能力十分卓越,其表达方式与日常生活紧密相连。他们通过感人的散文、令人难忘的故事和生动的比喻，向有疑惑的人开展基督教信仰的护教运动。

切斯特顿是一名新闻工作者，以其“布朗神父”系列侦探小说（Father Brown novels）闻名于世。他对基督教信仰令人着迷的分析激发了读者的想象力。塞耶斯在她所处年代里是最负盛名的推理小说家之一。她发现信仰帮她解开了人生最大的谜团——生命的意义。曾经信奉无神论的路易斯，通过阅读伟大的文学作品发现了基督教信仰，并在自己的作品中表达信仰，而这些作品反过来又成为经典。他们三位将陪伴我们走完下面的旅程，一起领略信仰的风景，领会信仰带来的看待事物的新视角。

事实上，本套丛书采用的方法与路易斯《返璞归真》（*Mere Christianity*，1952）* 使用的方法相似。路易斯将基督教信仰普遍通用的前设与其各宗派更具体的阐释区分开来。他让读者想象一栋房子的大厅有若干通往不同房间的门。大厅对于路易斯而言，代表着单纯、公认的基督教信仰，即“纯粹的基督教”。各个房间代表理解和运用这个

---

* 又译作《纯粹的基督教》。——译者注

基本的基督教信仰的具体方式——几个世纪以来形成的各个宗派都以其独特的方式将信仰付诸实践。和路易斯一样，我将用便于理解、引人入胜的语言和意象，探讨一个公认的、基本的基督教。至于本书最终引导读者委身哪个宗派，还是留给各位自己做决定。

这套丛书接下来的几册将探讨基督教思想的各个方面，例如对上帝的本质和对拿撒勒人耶稣的身份及其重要性的理解。现在，让我们将精力集中在个人信仰和公认信经的定位和目标上面。基督徒说他们“相信上帝”时意味着什么？我们为什么要使用信经？我们难道不能只是相信上帝且享受生活吗？以上都是合情合理的问题，希望本书能提供一些有用的答案。

我非常乐意将本书献给在西牛津郡（west Oxfordshire）的希尔谷（Shill Valley）和布劳德什尔（Broadshire）教区的信徒，该教区教会的所在地包括：阿尔维斯考特（Alvescot）的科茨沃尔德村（Cotswold villages）、黑伯尔顿（Black Bourton）、布劳德韦尔（Broadwell）、布劳顿帕格斯（Broughton Poggs）、费尔金斯（Filkins）、霍尔维尔（Holwell）、凯姆斯科特（Kelmscott）、兰福德（Langford）、小法林登(Little Faringdon)、希尔顿(Shilton)和韦斯特韦尔(Westwell)。在过去五年中,我有幸在这些乡村教会服侍,本套丛书的很多素材都来自我在此期间所讲的内容。

阿利斯特·麦格拉思

第1章
旅途：发现宇宙意义的线索

我曾与几个学生朋友骑自行车环游法国。有一天，天气格外炎热，我们决定在乡村路旁休息一会儿。我正从路旁的水泵接水，发现有一人沿着这条路轻快地走来，双臂如走军姿般左右摆动。

他注意到水泵便停了下来，等着我接完水。我礼貌地询问他往哪里去。“哪儿也不去！”他回答说。他说散步只是他从生命的虚空中解脱出来的一种方式。“我哪儿也不去，只是在消磨时间罢了。”说完后他继续往前走。我看着他目空一切地大步踏向远方，在没有特殊目的的旅途上，高昂着头。

人生就是一次旅行。无论你是否相信上帝，人生原本如此。我们正沿着一条神秘的道路旅行，思索如何才能使其有意义。它通往某个重要的地方吗？它真的通往**任何**地方吗？在旅途中，我们应该做些什么？

从文明诞生之日起，许多作家就一直在思考这样的问题。归根结底，我认为只能有两种答案。

第一种，让我们来谈谈法国无神论哲学家让-保罗·萨特(Jean-Paul Sartre，1905－1980)。20世纪60年代，他的思想影响了许多流光溢彩的青少年(bright young things)*，他确信生命的意义就是毫无意义。他认为一切存在都"没有理由，延长寿命出于软弱，而死亡则出于偶然"。[1] 一切存在既无方向也无意义。"我们坐在这里的所有人，都是为了维持生命而吃吃喝喝，但其实都是虚无，没有活着的理由。"[2]

我在法国遇见的那位陌生人大概会对这样的观点产生共鸣。全世界最著名的无神论者、《上帝错觉》(*The God Delusion*)一书的作者、"新无神论"(New Atheism)的创始人理查德·道金斯(Richard Dawkins，1941－)也持有相同观点。他宣称："在宇宙的中心，没有设计，没有目的，没有善恶，只有

---

* 出自电影《光彩年华》(Bright Young Things)。——译者注

盲目无情的冷漠。"[3] 除了繁殖我们的基因外，我们没有任何活下去的理由。我们正沿着一条不通往任何地方的道路前行。

这种冥顽的无神论思想理所当然地认为不存在上帝，不存在超自然的领域，也不存在赋予万物意义的"宏大故事"(big story)。但它何以解释为什么有那么多人相信上帝呢？道金斯的回答简单而武断：有信仰的人都被**迷惑**了。他们是一群固执己见的人，无法面对宇宙的惨淡与毫无意义这一残酷现实，只能借助虚构的意义来自我安慰。

我以前也这样想。我认为聪明人都知道上帝不存在，生命没有意义也没有目的，傻瓜才不这样相信。能挤进知识分子与文化精英之列让我自我感觉良好。尽管这听起来十分傲慢且自以为是，但我却因蔑视身边相信上帝的人并标榜自己比他们更聪明而自得其乐。

我最鲜活的校园回忆之一是夜晚透过宿舍的窗户仰望星空。天晴时，我可以看到繁星就像黑天鹅绒上明亮的光点。我虽然时常被夜空纯粹的美所征服，但内心幽暗的思绪却使我分心。宇宙的浩瀚似乎在强调人自身的渺小。在这个宏伟的布景下，我是什么？答案显而易见：什么都不是。

然而，还有另一种看待事物的方式。或许宇宙中布满发现其意义的线索；或许这些线索可以引导人们发现事物更深层的秩序并找到自己的位置。我后来信服的这种观点强调现实的真正意义是认识上帝。一旦我们领会到这一点，人生便充满意义。“全景”是真实存在的，我们是其重要的组成部分。事实上，这个世界充斥着上帝存在的暗示和迹象，以至于无神论者只有闭上眼睛才能给自己的不信找个借口！

我们很快将讨论现实的“全景”这一核心主题。不过眼下，让我们先来探讨一下“信仰”的真正地位。

什么是信仰？

对于慷慨激昂的无神论者来说，“信仰”好比公牛眼前的红布。所有信仰都是迷信！新闻媒体人克里斯托弗·希钦斯（Christopher Hitchens，1949－2011）在他生命最后的几年里成为无神论的主要辩护者，他大胆宣称：“我们的信仰根本不算是信仰。”[4] 换句话说，希钦斯只能接受可以被**证实**的事物。在他看来，宗教人士逃避现实，拒绝为其信仰提供任何形式的理智辩护，而科学和逻辑都已证明了无神论者的想法。

这种“信条”简洁明了。但它是否正确？能否经得起考验？希钦斯的许多批评者指出，他的作品充满无法被证实的论断，尤其是涉及道德与宗教信仰的话题时。毫无疑问，他坚信自己是正确的。但他许多大胆的言论没有任何证据作支撑，理查德·道金斯的作品亦是如此。文化批评家特里·伊格尔顿（Terry Eagleton，1943－）曾一针见血地指出：“道金斯活着更多倚靠的是信心而非理性。”

希钦斯认为，数学和逻辑这两门学科可以证明事物是否正确。这一点无人否认。下面的陈述是完全可靠和可信的：

2+2=4

整体大于部分。

可悲的是，生活的很多方面却无法证明。我们当然可以给出很好的理由相信比如强奸是错的、民主比法西斯主义更好等等，但它们本身无法得到证明。

那么，逻辑和数学的真理又有多么重要？难道一个徘徊在自杀边缘的人，在得知“整体大于部分”之后会放下手中的左轮手枪？或在得知 2+2=4 后倒掉手中的氰化物？这些陈述或许千真万确，但其对于人的生存意义而言并不重要，因为它们无益于人类心灵深处的疑问和渴望。

我可以证明 2+2=4，但我无法证明生命是有意义的。我也无法证明 1948 年联合国《世界人权宣言》(Universal Declaration of Human Rights)的主旨——“人人生而自由，在尊严和权利上一律平等。”我同样不能证明上帝的存在。我当然可以给出一些很好的理由去**相信**这些信念是正确的，但我们当中任何人都无法证明这些信念本身**是**正确的。只有浅显的真理可以被证明，而人生最深邃的真理则超出了终极证明的范围。一个简单的事实是，没有任何人——无论宗教的还是世俗的——可以证明我们生命中赖以存活的**任何**一条伟大的真理。人生原本如此。

那么科学呢？在这里，我必须坦陈我自己的个人兴趣。少年时，我十分热爱自然科学，甚至自制了一个小型望远镜去探索太空。我充满敬畏地渴望了解宇宙更多的奥秘。高中时，我继续钻研科学，后来考取牛津大学，获得了化学学士学位，并开始研究分子生物学（molecular biology）。我曾一度相信科学（当然我还会一如既往地热爱科学）可以帮助我找到生命的全部答案。

但我发现，事实**并非如此**。然后我意识到，这**永无可能**。科学可以帮助我们发现整个宇宙系统中隐藏的原理，但这并不等于告诉我们宇宙为什么存在或我们在宇宙中的地位。虽然理查德·道金斯和我在很多问题上意见相左，但我完全赞同他的“科学无法决定什么是道德的”[5] 这一言论。意义和价值是无法从世界中读取的。科学善于将事物进行切分，但分析（analysis）本身是不够的，如何处理这些割裂的部分才是真正重要的。我们需要运用综合（synthesis）来统观全景。科学将事物进行拆分，有助于我们看到其运作过程；而信仰将事物重新组合，使我们看到其意义所在。

伟大的德国社会学家马克斯·韦伯（Max Weber, 1864－1920）认为，20 世纪早期的西方文化逐渐沉迷于他所谓的“理性化”（rationalization）。一些颇具影响力的声音宣称一切都需要加以证明，而科学是证明事物的最佳方法。韦伯无法苟同这类观点。难道不是只有小孩子才以为自然科学可以回答人生的意义与目的这类大问题吗？韦伯语带讽刺地评价那些成年人，他们对科学的思考还局限于青少年的思维方式，而这已经毫无立足之地：

> 除了那些“老稚童”（在自然科学界的确可以找到这类人）以外，今天还有谁会相信，来自天文学、生物学、物理学或化学的发现可以带来对世界**意义**的认知呢？[6]

韦伯对此还有更深层的担忧。过分强调人的理性，实际上将人们困在了理性的“铁笼”内。从某种意义上说，他们允许自己被理性所监禁，因为他们只能接受**可证明**的事物。韦伯认为，这直接导致我们对现实的认识非常局限且并不充分。人类需要从理性主义铸造的牢笼中解放出来。

今天仍然有人声称自己被理性所“引导”，实则是被理性所辖制了。他们不顾一切地将现实局限在一个理性可以证明的局促且沉闷的空间中。

在我还信奉无神论时，我曾试想自己的无神论思想是一种勇于反抗的精神，并聊以自慰。人们既然愿意相信如此缺乏吸引力的无神论思想，只能说明它必然是正确的。尽管这听起来匪夷所思，但无神世界的单调乏味反而成为我相信自己走上正轨的理由。

事实上，我仅仅瞥见了生命的表层，便断然接受自身认识的局限，拒绝向更深处探索。相信“所见即所得”(what you see is what you get)成为了智性上懒惰和抱残守缺的借口。这就好比眺望大海中的环礁湖，看到的不过是广袤的蓝绿色水面。然而此时此刻，有人却在海底潜水，从珊瑚礁和穿梭其中的色彩缤纷的奇异鱼群中体会无限的乐趣。它们虽然无法从表面看到，却真实存在着，等着我们去发现。

老套的理性主义将现实局限在可以被逻辑和数学证明的范围内，难怪近年来举步维艰。如今，大多数人倾向于将理性划分为“肤浅的”和“稳重的”两种。“肤浅的”理性将认知局限于可以用抽象的逻辑和数学证明的范围内；而“稳重的”理性承认人类拥有的许多合理观念无法用严格的逻辑证明。“我们的许多观念都没有无懈可击的理性支撑，但它们却合情合理。”(特里·伊格尔顿)

试想你在看过照片上美丽的山谷之后，就知道自己想居住其间。如果理解得当，这便是理性向我们敞开大门得以进入的世界。应用于信仰层面，理性有助于我们认识那可以诠释世界和生命意义的

“全景”。这意味着我们无需天马行空地想象某些东西是真实的，或飞奔着投入一个我们为了应对艰难生活而臆想出来、其实本不存在的上帝的怀抱！相反，我们可以通过深思熟虑的论据、跟随内心深处的直觉突破想象力的限制，从而接受信仰。我们当中有些人在追求个人内心安定和自身价值的过程中来到上帝面前，有些人是被上帝的纯然美善所吸引。这些进路都是合理的，它们就像一根根毛线编织在一整张信仰的挂毯上。

当C. S. 路易斯抛弃了无神论者早期的“巧舌如簧却肤浅的理性主义”时，他发现了信仰的丰盛。纯粹理性给他提供的是一个荒凉单调的智性世界，使其无处安身。理性竭力告诉他，除此以外，其他都是纯粹的幻想。而想象力却告诉他，应该不止于此。“几乎一切我所喜爱的，我都认为是虚构的；几乎一切我认为是真实的，却都如此冷酷沉闷、毫无意义。”[7] 最终，路易斯发现了一种可以将理性与想象交织在一起，又可使他与上帝重新联结的思维方式。

这是一个引人入胜的故事，[8] 我会在下面更深入地探讨。

寻找全景

路易斯在青少年时期成了一名无神论者，常常“用一个十七岁孩子的理性主义单枪匹马地炮轰”他的基督徒朋友们。[9] 第一次世界大战的经历更强化了他激进的无神论思想。1918 年 4 月，他在率领步兵发动攻击时受伤。这一时期，路易斯的诗歌作品充满了对这位默不作声、毫不关心人间苦难的上帝的愤怒。战争结束后，路易斯赴牛津大学开始了他的学术生涯，先是学习古代思想与文学，后来转到英国文学。

他逐渐意识到自己早期的思维模式，曾以为简单朴素，实为肤浅无知。阅读西方文学经典名著将他眼中封闭式的问题重新打开。路易斯在其自传《惊悦》(*Surprised by Joy*)中写道：“年轻人如果想做个彻头彻尾的无神论者，就不能对阅读太过认真，因为陷阱无处不在。”[10] 路易斯完全不想相信上帝，但最终他发现自己不得不相信。作为“最不情愿的归信者”，路易斯转而探索和解释：使得基督教如此令人信服又能带给人如此彻底改变的是什么。

许多人都认为路易斯为基督教信仰提供了颖悟绝人、发人深省且引人入胜的阐释。那么，他的解释为何如此吸引人呢？他的牛津同事、杰出的宗教哲学家奥斯丁·法雷尔(Austin Farrer，1904－1968)给出了确切的答案。他评价说，路易斯让我们"以为在听他论证"，实际上却"给了我们一个图景，正是这个图景令人心悦诚服"。[11]

我理解法雷尔的意思。几年前，我在阿姆斯特丹参加一个会议，其间有足够的闲暇参观美术馆。我最终选择了梵高博物馆，愉快地在画廊中闲逛。我不时地在那些引人注目的画作前驻足，例如梵高1890年的作品《麦田群鸦》(Wheatfield with Crows)。我被这幅画吸引，并试着从多个角度来欣赏。我欣赏梵高的笔触和他驾驭丰富颜料的能力，但吸引我走近这幅画的真正原因，是它的整体——图案、颜色和纹理的组合。因为喜欢这幅画，所以我希望更多地了解它。但时间有限，我只能匆匆略过那些无法带给我同样震撼力的作品。只有梵高的画作吸引我驻足探究。

路易斯被基督教所吸引，并非仅凭几条支持基督教的论据，而是因着令人叹服的有关现实景象的"全景"。基督教赋予了一切他认为重要的事物以意义，并回应了他内心深处对真善美的向往。路易斯回忆说，他的无神论思想引出的结论是，他所喜爱、所珍视的一切都应当被弃绝，因为它们都是“虚构的”。然而武断的无神论思想允许他相信的内容，本身却“冷酷沉闷且毫无意义”。这真是令人心碎。然而，基督徒看待事物的方式重新点燃了他的希望，使他所珍视的一切变得有意义。这也肯定了他的希冀与渴望是真实且重要的。随着拼图中的各个拼块各归其位，路易斯意识到，他正在探索的这个信仰世界注定是他的栖身之所。

多数自然科学家都会欣然接受路易斯的方式，因为这与他们的方法论高度一致。一个理论的好坏有待观察来检验，也取决于它是否有能力解释我们的外在所见和内在经历。当然，好的理论也可能有局限，有时也会含糊不清。但无论如何，好的理论有助于我们更好地理解这个纷繁复杂的世界。人们倾向于被那些富有启发性的思维方式所吸引。

试以侦探剧和犯罪推理小说为例。伟大的侦探小说家都会通过破解其一手炮制出的谜题吊足读者的胃口。作者提供的每一条线索都不足以独立破案，但当这些线索被综合分析考量，它们便累积起来一起指向谜底。也许这些线索不足以绝对证实谜底，但必定有一个最佳答案。我们或许通过自然界的有序和内心深处的直觉便可认出上帝的指纹，意识到这些线索交织在一起是为了我们可以看到整幅画面。

哲学家迈克尔·波兰尼(Michael Polanyi, 1891－1976)对科学方法的哲学内涵及其重要性作出了最具洞察力的一种阐释(科学方法可以被定义为"科学家借以认识世界的合乎逻辑和理性的秩序步骤")。波兰尼认为，非常清楚，"追求重大发现的动力源于感受到隐藏现实的存在，种种迹象表明存在着一个隐藏的现实"。[12] 波兰尼的见解很容易从科学史角度加以阐释。举例来说，艾萨克·牛顿(Isaac Newton, 1643－1727)认识到地面物体的运动(例如苹果从树上坠落)和行星围绕太阳的运动背后都存在一个共同的"隐藏的现实"。

牛顿称这种看不见、摸不着的隐藏的现实为"地心引力"。对于这个理论，起初他并不确信；但比起他能想到的其他观点，这个理论能更好地解释他观察到的现象。最终，他相信其正确性。这个理论的解释力表明其真实性。他生动地描绘出一个超越人类认知范围的更伟大的现实：

我不过像一个在海边玩耍的孩子，不时地为发现特别美丽的一颗鹅卵石或一个贝壳而沾沾自喜，至于展现在面前的浩翰的真理海洋，我却浑然无知。[13]

许多人和牛顿一样，渴望见到真理的海洋并测量它有多深。借用我们之前的类比，许多人都在寻找一个可以将毛线（即我们的经历）编织在一起，并揭示出人类在宇宙、文化和历史中地位的可靠"全景"。

面对这个纷繁复杂的世界，我们常常感到不知所措，有太多东西需要我们去了解和吸收。它只是一大堆事实？或是一连串随机的信息碎片？还是有什么力量将它整合并连接在一起？瑞士神学家埃米尔·布龙纳（Emil Brunner，1889－1966）描写过从苏黎世附近的山上眺望该城的情景。那个夜晚，他看到山脚下闪烁着一片浩瀚的、看似随意设计的灯海；事实上，城市的专业电工完全掌握灯光的布局。他们拥有可以解释当前情况的设计图。

基督教信仰帮助我们在一个表面混沌的世界中看到图案，在别人听到噪音时感受到旋律。它使我们不至于被**信息**淹没，而是能识别其**意义**。美国诗人埃德娜·圣文森特·米莱（Edna St Vincent Millay，1892－1950）将人类对意义的普遍追寻描述为理解从天而降的“流星雨般的事实”。这些“事实”就像一个拼图游戏中的拼块，只有被拼组在一起，才能展现基督教信仰的全景，这是我们理解事物的框架和行出使命的基础。无论人们是否意识到，每个人都有一幅“全景”。只是有些人的“全景”非常狭窄，正如我们之前看到的那样，将现实局限在冰冷的逻辑范畴之内。

回看一下犯罪推理小说或许有帮助。想象你正在读一本侦探小说，也许是一篇阿加莎·克里斯蒂（Agatha Christie）的悬疑故事。在最后一幕的大结局中，赫尔克里·波洛或马普尔小姐将所有犯罪嫌疑人召聚在一起。接着，大侦探将线索串联起来，描述了可以解释各个线索的“全景”。赫尔克里·波洛讲述了导致这起东方快车谋杀案发生的背后故事，而马普尔小姐则梳理了藏书室中出现一具神秘尸体的原因。事件的“全景”不仅帮助我们找到凶手，还为我们理清了所有线索，就像把线织成了布匹。之前毫无头绪的事件，一旦从正确的角度看待便有了意义。

为了强调把握“全景”的重要性，需要讨论人类内心深处的两种直觉——心灵的渴望和道德责任感，并思考它们是如何与基督教看待事物的方式相吻合的。

心灵的渴望

有一位朋友几年前离开英国,赴美工作。尽管他喜欢那里的生活,但一直没有定居下来。在他内心深处有个声音不停地轻声回响:“你不属于这里,这里不是你的归宿。”他一直无法忘怀自己的家乡。虽然理性告诉他在美国可以过得更好,但内心却另有一个声音。最终,他还是搬回了伦敦。

基督教信仰表达了“这世界并非我们真正的家乡”这一核心主题。我们置身世间是有原因、有使命的。正如迦太基的西普里安(Cyprian of Carthage,这名基督教的主教因为他的信仰在公元258年被罗马当局处决)宣告的那样,“天堂才是我们的家乡”。保罗也提醒生活在罗马殖民地腓立比的基督徒,“我们是天上的国民”(腓3:20)。我们走在人生的旅途上,尽己所能使其更美好,与此同时,却深知自己属于另一个家乡。心之所系,家之所在;我们的心渴望与上帝同在。

假设我们被造是为了发现上帝、爱上帝,我们内心对上帝存在某种“归巢本能”(homing instinct)。如果我们的被造的确是为了另一个世界，这如何体现在现世的人类认知中呢？我们可以预见——其实是**预测**——某种躁动感，反映出我们并不真正属于这里。公元400年左右，希波的奥古斯丁（Augustine of Hippo，354－430）在他的祷文中较好地表达了这一主题："你是为了你自己的缘故而造了我们，我们的心若不在你里面得安息，便不会安宁。"[14] 如果说这个世界上没有任何东西可以真正满足我们，那是因为在心灵深处，我们知道内心的渴望根植于别处。

这种对某种超出人类经验范围之事物的渴望，是西方文学不变的主题。德国浪漫主义作家诉说的渴望（*Sehnsucht*），被诗人马修·阿诺德（Matthew Arnold，1822－1888）描述为"惆怅而轻柔、饱含泪水的渴望"。俄国作家陀思妥耶夫斯基（Fyodor Dostoyevsky，1821－1881）表达了自己在"心之梦想与灵之遐想"中感受到的"无边的忧烦，有时竟是难以忍受的痛苦"，远远超出了人类的经验。[15] 20世纪最有口才且最具影响力的英国无神论作家之一伯特兰·罗素（Bertrand Russell，1872－1970）在1916年时写道：

我的内心不断陷入到一种极度痛苦的状态中……

寻找一种超越世界的东西,那美好而无限之物——上帝这一荣福美景,我没有看见,也不认为它可以寻见。但是它的爱就是我的生命……它是我里面真正的生命源泉。[16]

罗素的女儿凯瑟琳·泰特(Katharine Tait)回忆说,父亲之所以藐视有组织的宗教,对宗教观点不予理会,主要是因为他不喜欢持有这些观点的人。但泰特认为她的父亲毕其一生其实都在寻找上帝。"在我父亲脑海的某个隐密处,在他的内心与灵魂深处,有一处空白曾经被上帝填满,从那以后,他再也找不到其他任何东西可以将其填满。"[17]罗素有着某种"不属于这个世界的幽灵般的感觉"。

这是我们很多人都有的体验——一种强烈的属于另一个地方的感受。总有些事物**更加**美好、**超出**我们的认知吗?这样想是否意味着我们是这场毫无意义的骗局的受害者呢?抑或它是一个线索,引导我们发现生命的意义和我们在这个宏伟计划中的角色?

路易斯为解开这个问题提供了有益的帮助。他在皈依基督之前曾经有很多年承受着这种神圣的不安(divine restlessness)。路易斯指出,大多数人都在渴望某种东西，当他们真正得到时，却感到失望而沮丧。“我们在最初渴望之时捕捉到的某个东西在现实中消逝了。”[18]

小说家弗吉尼亚·伍尔芙（Virginia Woolf，1882－1941）对此深有体会。她称之为“存在的瞬间”——短促而直刺人心的豁然醒悟，似乎在向她揭示“表象背后某种真实的东西”。[19] 这些难得的稍纵即逝的“瞬间”使她相信，在已知世界的背后，隐藏着意义与联系的巨网。但她永远无法进入这个隐藏的世界；每当她靠近时，那扇门便隐退了。

你也许同样站在一个通往深邃意义的入口处，却发现随着顿悟的瞬间消散而被拒之门外。我们被“总有某种存在”的强烈感受所困扰，但顽梗的理性主义者可能视之为迷信的胡言乱语，对其嗤之以鼻。

这种经验的意义缘何如此难以把握？路易斯认为有三种可能的解释。其一是我们正在错误的地方寻找意义；其二是实际上没有任何意义可寻；第三种更有帮助的解释是，我们可以将尘世的渴望当作是我们真实渴望的“摹本、回声或影子”。它们是从我们真正的故乡中射出的“快乐之箭”，旨在唤醒我们沉睡的心灵。没有一种尘世的快乐可以满足我们不断膨胀的欲望，它们原本也不是用于满足这些欲望。那只是为了唤醒我们，暗示我们去寻找某种真实的东西，令我们坐立不安，直至寻找到源头。“有时是希望为真理插上了翅膀，有时是真理放飞了希望。”[20]

人际关系可以营造出一种对某些事物悲喜交加的渴望——这些事物**来自于**关系，但不存在于关系**之中**。这一主题反复出现在伟大的文学作品中。伊夫林·沃（Evelyn Waugh）的著名小说《旧地重游》（*Brideshead Revisited*，1945）通过主人公厌世的上尉查尔斯·赖德的经历，向我们传递了许多人或多或少都会经历的挫折。在他“神圣和亵渎的回忆”中，一开始他只是一个“寻找爱”的学生；到最后却落得“无家可归，无儿无女，人到中年，没有爱情”，他苦思冥想自己的追寻为何注定是一场空。

快乐、美丽、人际关系：一切看起来都充满希望。可是每当我们努力抓住它们时，就会发现寻找的东西根本不在其中。路易斯指出，我们——就像他所经历的——会逐渐意识到，“我若发现自己心中的渴望是此世任何经验都无法满足的，那么最可能的解释是，我是为了另一个世界而造”。[21] 正如肉体的饥渴指向可以被食物满足的实际需要，精神的饥渴则对应于可以被上帝满足的实际需要。

当然，这个观点并不能证明基督教是正确的，也不能证明上帝的存在。但这不是路易斯想要表达的观点。他想论证的是这个解释与我们的经验相符，与“全景”相一致，也可以用全景加以阐释。

让我们来看看基督教的全景如何与人类经验的第二个方面相吻合。

道德责任感

正常人很难不去思想各种行为的是非对错。但这就引出一个问题：如果理查德·道金斯所相信的“善”是人类的发明这一观点正确，我们就必须面对一个令人深感不安的事实——如美国哲学家理查德·罗蒂（Richard Rorty，1931－2007）所言：“我们内心深处除了自己放置的东西以外，原本一无所有。”[22] 一旦我们决定什么是对的，就要决定什么是错的。如果世间不存在绝对的真理，我们就可以选择自己认为正确的，那么道德便沦为个人偏好的问题。

难怪罗蒂对自己的结论深感不安。若不诉诸超越人类文明的权威，当“施刑者残害无辜”时，他将如何应答？不过，他坚持认为，事物本身就是这样。他的同事和学生对此持有异议,时常挑战他的观点。到最后,罗蒂干脆拒绝谈论他的观点。但是逃之夭夭是无济于事的。

假设对与错只是个人选择的问题——是我们发明的东西,那么难道喜欢自由胜于压迫,就像喜欢巧克力胜于香草冰淇淋一样,只是个人偏好问题?若在我们看来完全是误入歧途的事情,当事人却心安理得,怎么办?纳粹德国似乎认为灭绝犹太人是完全可以接受的,好在其他人认为这种做法当受谴责。道德相对主义之所以(该观点认为不存在判定事物优劣的客观道德价值标准)土崩瓦解,是因为它无法为其基本观点提供有力的支撑。"这是好的",沦落为"我喜欢这个",或"我的朋友和我喜欢这个"。于是司法沦为权势的附庸,相关利益集团的主张得以执行。

这一点十分关键。即便最顽固的道德相对主义者为"做自己喜欢的事"辩护时,也会遇到麻烦。没有谁把这种观点当真。路易斯指出,我们都知道有高于我们的存在——一个人们可以诉诸、也希望他人遵守的规范;"一个真实的法则,这个法则不由我们发明,我们却知道自己必须服从它。"[23]

这也不只是个人问题。意大利独裁者墨索里

尼(Benito Mussolini，1883－1945)意识到20世纪20年代的道德相对主义使他能够在意大利建立起法西斯专政。那个年代崇尚“一切意识形态都具有同等价值”，因为它们都是“纯粹虚构的”，因此无论你相信哪一个都无关紧要。任何人都可以自由地“创造自己的意识形态，并尽其所能贯彻执行”。[24] 墨索里尼做出的判断是，他的法西斯意识形态将在意大利大获全胜，因为那时的文化观点(cultural outlook)将一切严正批判墨索里尼的思想全部推翻，而后来也的确如此发生了。

然而，这种思维方式与人们心灵深处的直觉存在巨大的割裂。如果宇宙结构中并没有“自然公义”(natural justice)，何以阻止社会权力组织将其自身的是非标准强加于人？如果不存在超越人类的力量使这些人对自己的观点和行为负责，我们如何能抵挡他们呢？

许多世俗伦理思想家也认识到这一点。比如英裔爱尔兰哲学家艾丽丝·默多克(Iris Murdoch，1919－1999)认为，人们不得不相信“作为道德人，我们置身于一个超越自身的现实中，道德进步意味着认识这一现实并服从它的旨意”。[25] 柏拉图认为，人类的正义观从根本上说是一个超验的、不为人类所操纵或控制的正义观的回声。对默多克而言，对超验正义观的信念是避免让“对错”沦为社会强权者之专断臆见的唯一途径。如果有权有势者为了成为赢家而操控一切并随意修改规则，那一定是错误的。

诗人奥登（W. H. Auden, 1907－1973）在1939年发表了著名诗歌《停止所有时钟》（Stop all the Clocks）。次年，他抵达纽约，得出了以上结论。奥登在20世纪20年代初放弃了宗教信仰，取而代之以含糊的左翼观点，强调人之初性本善以及人类理性解决危机的能力。第二次世界大战在欧洲爆发后不久，他在曼哈顿德裔区的电影院观看了一部新闻纪录片，该片讲述纳粹攻打波兰。令他震惊的是，观众席中那些“很平常、不伤害他人的德国人”开始叫喊“杀死波兰人！”[26]

震惊之余，他不再相信人性本善。但若要说某些事绝对邪恶，必须有绝对的标准来支撑这一判断。随着奥登对该判断的深入体悟，他意识到自由主义其实是作茧自缚：“自由主义思想一直以来的发展趋势就是要侵蚀对绝对标准的信心。”奥登重新拾回了对上帝的信仰，这源于他认识到“绝对”的重要性，以及基督教的“全景”与之相合并有维护

"绝对"的能力。

奥登和很多人都意识到，基督教的思维方式有助于我们理解这类难题并找到解决方案。即使人们在理解和实践中屡屡失败，上帝还是公义最根本的基础和保障。我们内心深处的道德责任感是上帝的指纹，反映出上帝更新被造物的愿景，而且也邀请我们参与并让这个世界变得更美好。在此重申，这并不能证明基督教是正确的，只是提供又一例证，说明基督教的理解框架与我们的日常经历和心灵深处的直觉相吻合。

开拓视野

我们之前一直在探讨这一观点——基督教使人看到全景；它开拓了我们的人生视野，使我们领会到现实的深度，不再将视野局限于可"证明"的有限地带。哲学最确定的结论之一即理性是有限的，逻辑和科学亦如此。我们知道这三门学科有助于人们避免犯错。但是，知道无法画出六边三角形与解答人生至关重要的问题还相去甚远。它无法帮助我们寻见——更别说真正明白——充满意义之人生的核心：真、善、美。

我们之前提到过，那个超越理性的世界布满暗示与线索，敞开大门邀请我们去探索并栖身其中。我们或在宁静时分听到过阵阵旋律，或在凉爽的傍晚闻到缕缕幽香，或听闻那些踏上过这片土地的人分享他们的奇遇经历。这些“超验之迹象”(signals of transcendence)鼓励我们相信，在日常经验之外还有更广阔的存在。正如 G. K. 切斯特顿所言，人类的想象力超越了理性边界，“真正的艺术家”都认为“自己在触摸超验真理；而他的画像是透过面纱所见事物的影子”。[27]

想象有人在一座岛屿的海滩上漫步。一天，他沿着海岸线散步时，发现有东西被潮水冲过来。那是一种奇怪的植物，与他之前见过的都不一样。他十分不解地摇头，这是从哪里来的呢？岛上从未生长过类似的植物啊。于是他意识到这可能来自他视线之外的土地，被洋流带到这里。他才知道世界比他想象的更大。

尽管超验之迹象与神圣之音的回声令我们大胆猜想，在现代世俗主义的萧瑟风景之外别有洞天，但它们本身若孤立存在便毫无意义。基督教的全景赋予了它们意义。

那位将线索植入创造秩序的上帝并没有无所事事，等待我们去注意他。上帝选择对我们说话，并主动来寻找我们。有的哲学家断言理性只能将上帝归结为宇宙的某种第一原理（first principle of the universe）。然而，我们必须坚持上帝不能这样被理性所局限。没有一条合理的哲学推断能够否认存在一位对人说话的上帝，而这位上帝——用人所能理解的话说——想要被人**认识**。基督徒看待上帝的视角与理性并不矛盾，它只是拓展和丰富了理性，突破了想当然认为的华而不实和肤浅之理性主义的局限。

为了深入探讨这一点，我借用一个熟悉的比喻，这在古希腊哲学家柏拉图的经典作品中可以找到。柏拉图让我们想象有这样一群人，一生受困于一个地下洞穴。[28] 一团燃烧的火焰将摇曳的影像投射在洞穴的墙壁上。这群人对外面的世界一无所知，这个洞穴是他们所经历的唯一的实际。他们没有任何参照物，在他们眼中，这就是世界的全部。读者当然清楚，有更大的世界等待他们去发现。

第一次阅读柏拉图的这段文字所带来的感受令我至今记忆犹新。那是高中最后一年，我准备升入牛津大学深入学习自然科学。那时，我仿佛悠然自得地倚在一个新奇美好的世界边缘，满怀期待去证实我那尚未成熟的无神论思想，并为它提供新的智性活力(intellectual resilience)。当读到柏拉图的这个比喻时,我里面那个铁石心肠的理性主义者轻蔑地笑了。典型的逃避现实的迷信!所见即所得,仅此而已。然而一个微小的声音嗫嚅着发出疑问:如果这个世界只是全景的一部分呢?如果这个世界是虚幻的呢?如果在它之外还有更精彩的内容呢?

假如那时我读过 C. S. 路易斯的作品,就会知道他也曾经历相同的困惑,并渐渐认识到他青年时期的无神论思想何等缺乏想象力。其实在没有读到路易斯的作品时,怀疑的种子已经播撒在我顽愚的无神论思想里。那时的我不可能知道,在不到一年的时间里,我的疑虑竟扩大到完全将我征服,并引领我重新认识了基督教。

设想我们从柏拉图的比喻向前迈进一步,提出一个十分关键的问题:洞穴里的人们如何才能察觉现实要比其昏暗拥挤的洞穴大得多?他们的眼中只有这个幽暗阴森、烟气缭绕的世界,何以发现在它之外,另有一片灿烂、明媚、纯净的土地,那里空气清新,花香醉人,色彩艳丽,景致盎然?

这个洞穴里或许有线索暗示在潮湿阴暗的墙壁之外,存在另一个世界。风向正确时,这些地下居民可能会嗅到遥远的花香，或听到潺潺的山泉。他们还可能会在墙壁上发现从未见过的令人费解的雕刻图案。

还有另一种可能。假如有人从外面进入洞穴呢？如果这个人是来解释外面的世界并愿意带他们前往呢？最后，洞穴里的人必须做出决定：是否要相信这个陌生人？是否愿意接受他带领我们走出这个熟悉的洞穴，去一个崭新而神秘的世界？

这些问题在记载拿撒勒人耶稣事工的新约福音书中有所探讨。这个人是谁？他值得信任吗？在我们已知的世界之外，是否存在另一个世界，拿撒勒人耶稣能否带来有关那个世界的信息？或带领我们走进那个世界？难道他只是一位受人尊敬的宗教导师，为我们提供活出美好人生的技巧？还是他能够改变一切，医治那些破碎受伤的人，在死亡面前带给我们希望？

我们将在后面几册书中更深入地探讨这些问题。当下，我们将着眼于"全景"——一幅基督教信仰要求我们相信、邀请我们进入，并鼓励我们卸下重负去细细品味的实景。本章已就这一主题进行了多方面讨论。在下一章，我们将依次介绍三个模型和意象，帮助我们进一步发掘这一全景。

第2章
地图、透镜与光线：理解事物

发现新奇的事物总能为生活增添趣味。我的一位同事在读过《白鲸记》(*Moby Dick*)之后，被赫尔曼·梅尔维尔(Hermann Melville)那句“对遥不可及的事物永恒的渴望”所鼓舞，开始去世界上遥远的地方旅行：第一年他访问了越南的高地，第二年他坐上了阿根廷巴塔哥尼亚(Patagonia)的火车。他被一种难以抑制的渴望驱使，去寻找新的事物，就像梅尔维尔曾经历的在“禁海上航行，野岸处登陆”。

然而，还有另一个发现之旅我们可以去体验，正如法国小说家马塞尔·普鲁斯特(Marcel Proust，1871－1922)所言：“不在于找寻全新的风光，而在于拥有全新的眼光。”这样一来，熟悉的事物将展现出新的涵义，普通的事物也不再寻常。只有开启双眼、恢复视力，才能看到事物的本真。

以全新的眼光看待事物

为要阐明这一要点，我先来讲述一块神秘之石的故事。这块神秘的石头发现于英国南部多塞特郡（Dorset）的坎福德学校（Canford School）。该校始建于1923年，校址原是一座古老的乡村庄园，后被买下翻新用于教学。这座房屋之前的主人亨利·莱亚德爵士（Sir Henry Layard，1818－1894）是维多利亚时代一位杰出的考古学家，他一生花了大量时间在美索不达米亚挖掘古代遗址，因在1845年发现"消失"了的尼尼微城而广受赞誉。建筑工人在将房屋改建成学校时，从一间屋子里发现了几块大石头。学校管理者不知该如何处置。其中一块石头一度用来支撑学校的飞镖靶子，后来又转给售卖饮料和甜点的小卖部。

1994年，哥伦比亚大学艺术史教授约翰·罗素（John Russell）正研究一本关于莱亚德的书籍，他前往坎福德学校参观。[1] 考察期间，靠近饮料机和披萨柜台的这块扁平的石头引起他的注意。在参观了伦敦的大英博物馆后，他意识到这是莱亚德从亚述国王阿淑尔纳西尔帕二世（Assurnasirpal II，公元前 883－前 859）王宫运到英国的三千年前的浮雕饰板。1994 年底，这块石头在佳士得（Christie's）拍出创纪录的一千一百八十万美元。

罗素看到石头的第一眼，以为它只是古代亚述浮雕的一块廉价的石膏副本。待他眼睛明亮了，才看出这块石头的真面目，认清它的真实价值。于是对石头的认识和估价方式也相应发生根本改变。曾经被弃置的石头现在被公认为重要的历史文物，价值近一千二百万美元。

这里的关键点在于这块石头被用全新的眼光看待。罗素展现了哲学家艾丽丝·默多克所说的“专注”（attentiveness）——细心、有原则、投入地感知事物的本来面目，而不是只看到它们的表面。我们可能会带着一系列假设去接触某一事物，却发现这些假设与我们实际观察到的并不相符。于是我们开始寻找另一种更契合的方式来看待事物。

这是科学家比较熟悉的概念。科学哲学家 N. R. 汉森（N. R. Hanson, 1924－1967）指出，不管你是否意识到，我们都在透过“理论的眼镜”看世界。什么样的眼镜可以使事物看起来最清晰？哈佛大学心理学家威廉·詹姆斯（William James，1842－1910）称宗教信仰其实是“相信某种看不见的秩序的存在，基于此，自然秩序的谜题可以被发现和破解”。[2] 要想发现“看不见的秩序”，需要开启一种全新的看待事物的方式，使我们能够从另一个角度来审视它们。这种方式并非存在于人的智慧之中，而是扎根于上帝的真实存在。

新约对这一点着墨颇多。保罗敦促他的读者“心意更新而变化”（罗 12：2），是要我们戴上基督徒的眼镜来重新审视世界。新约使用了许多意象来阐释基督教信仰展望世界的新视角。我最喜欢的三个是：我们的视力被医治；眼目被打开；面纱被除去。

随着年岁渐增，我意识到其他人可以帮助我更好地看清事物。我未曾留意的，他们为我指出；我做错的，他们为我指正。正因如此，基督教是一个群体的而非个体的信仰。旁人可以帮助我们探索信仰的景致。C. S. 路易斯发现他的友人——诸如托尔金（J. R. R. Tolkien）和查尔斯·威廉姆斯（Charles Williams）——的见解深深影响了他的基督教信仰。他们的看见有助于路易斯看得更远。

我自己的眼光有限，我会透过别人的眼光来看……阅读伟大的文学作品使我成为千百个人，而我仍然是我自己。就像希腊诗歌中的夜空，我以无数的眼目观看，但仍旧是我在看。[3]

我最喜欢伊夫林·沃在《旧地重游》中对探索信仰景致的描写，这本书我前面提到过。1930年，突然归信基督教的沃写信给一位朋友，讲述他的新信仰如何使他第一次认清事物：

归信就好似跨过壁炉架，从镜中荒诞的幻境中走出来，进入上帝创造的真实世界中，从而开启了美好且奇妙无穷的探索之旅。[4]

在接受信仰之前，沃只是雾里看花、水中望月地窥见一个扭曲的世界。归信后，他看到了事物的本来面目。正如他日后的著作所描写的，他开始兴奋、热切且惊奇地探索新的景观。

但我们应该从哪里开始呢？我们如何才能认出真实世界的特征呢？有一个答案特别有助于我们理解基督教信仰。如果你想要探索风景，那么你需要一张地图。

地图：信仰的风景

探险家总会告诉你，一张好的地图对于判断方位至关重要。无论穿山越岭还是找寻回家的路，只要你会看地图，它就可以为你指明道路。地图展现了全景，帮助你识别当前位置或正在寻找的位置，然后你就会注意到一些蛛丝马迹。让我们在这一点上稍作停留。

最近我在牛津召开的一次讨论会上带领小组，讨论“富有想象力的信仰魅力”。我问在座的十几位组员，他们眼中信仰的可贵之处是什么。有人说信仰带来了稳定的生活，有人说即便在人生低谷也有上帝同在。有几位动情地讲述了被爱的感受，其他几位则谈到信仰有助于他们解读事物。大家都信仰相同的“全景”，但每个人却察觉到某个部分景致尤具感染力。

不过十分有趣的是人们在别人表述时的反应。看重基督教所强调的上帝之爱的人意识到，他们还可以从信仰中发现更多——比如信仰帮助他们理解事物。大家都认同信仰于我们大有裨益且意义深远，但也意识到信仰有更多值得欣赏之处。

青年时期的我被基督教吸引，是因为它能够解释事物。从某种程度说，我的归信十分理性。然而，随着年岁增长，我渐渐懂得欣赏信仰的其他方面——比如伦理观、强调生命的意义、确保个人身份（personal identity）的力量，以及它对想象力的巨大吸引力。所有这些特征（沿用地图的比喻）已然存在，我只是发现了它们。

但地图不同于风景。回想那些你去过的特别的地方——也许是加勒比海岛、翁布里亚（Umbrian）的景观或者加州的山脉和森林。你还记得体验自然之美是一种什么感受吗？想象这个特别的地方落在一张地图上，可是一个二维的标志如何能与三维的现实相媲美呢？我猜很难。一张地图无法传递出壮丽的风景那鲜艳的色彩、丰富的结构和淡淡的幽香。一张纸上的图示永远无法充分反映自然界的宏伟壮丽。**但地图的作用本不在此**。它旨在帮助你探索、发现并找到通往目的地的道路。

我们在信经中发现的地图是为了帮助我们探索信仰的风景并找到回家的路。它提炼了圣经的核心主题：一位荣耀、慈爱和公义的上帝在他创造的世界走入歧途后，仁慈又奇妙地将它更新并使其回转，直到他的旨意最终成全。我们本身就是这个故事的主要组成部分，它揭示了我们真正的目的、意义和价值——我们是谁、哪里出了错、对此上帝计划要做什么、作为回应我们应该如何做。

基督教教义不是各种独立无关的思想集合，而是由福音呈现出的令人信服的现实景象联结在一起。我们看到令人叹为观止的风景，往往先感受其美，然后再领悟其特点。欲理解教义，我们也要从整体入手。欣赏快照前先要领略全景。我们可以将信经比作地图，以此来解读基督教各教义之间的联系，好比地图展示了乡村和城市是如何由道路连在一起的。

本书稍后会对这些教义进行更详细的讨论，并分析“信仰的地图”是如何产生的。其实，地图的类比只是解读基督教信仰的方式之一。让我们继续前进，来看另一个类比。

透镜：聚焦现实

试想风和日丽的一天，你沿着沙滩漫步。前方是一片深蓝色的大海，无边无际地延伸至远方。当你远眺时，发现有个物体正在移动。你用随身带着的小型望远镜朝大海望去，起初一切都是模糊的，对焦之后，事物突然变得清晰而明亮。你可以看到远处闪闪发光的游艇，甚至可以辨认出甲板上走动的船员。

基督教使事物变得清晰。在很多人眼中，生活几乎没有任何意义。它看起来是那么随机、毫无意义且混乱无序，没有任何潜在的秩序或意义。我们出生，我们死去，其间无非是“痴人说梦，充满了喧哗与骚动，却无任何意义”。[5] 还有其他一些理解生命的方式。或许它们看起来毫无意义是因为没有对准焦距？或许是因为我们视线模糊？或许有别的方法让我们看得更清楚？

小时候，每年去一次家乡附近的游乐场对我来说是天大的乐事。我对那里的哈哈镜小屋记忆犹新。当我走过那些镜子时，会看到自己扭曲的身形，时胖时瘦，时高时矮，奇形怪状。难道这是我真实的样子吗，还是我仅仅看起来如此？什么是漫画艺术，什么又是现实？

基督教为我们提供了可以看清自我与世界本来面目的透镜。乔治·赫伯特(George Herbert, 1593－1633)用他的诗句给出了最精辟的解释，特别是这几句：

人戴着眼镜观看，
定睛其上，
若他愿看透另一面，

就能瞥见天堂。[6]

赫伯特是17世纪初的诗人，那时有两项发明使用到透镜（当时通常称之为“眼镜”），改变了人类对自然界的理解。赫伯特明确区分了不同的观看方式，即**看着**（looking at）和**透过……看**（looking through）。你可以看着一扇窗或一台望远镜，也可以透过它们，发现一个全新的世界。

在赫伯特时代，人们透过显微镜可以看清花瓣与蝴蝶翅膀上色彩缤纷的细节；透过望远镜可以观测到木星的卫星和组成银河的大量恒星。这两样仪器帮助人们看到一直存在、但从前并不显而易见的事物，因为它们非人类视力所及。我们看不到是因为视力有限，只有拓展了视野才可以看见崭新的世界。

然而，赫伯特的诗句主要针对神学并关乎基督教教义的目标和定位。他提供了两种解读教义的方式。第一种是**看**，这是许多传统神学教科书采用的方式，即逐一列出各个教义，并体会各个观点的独到之处。第二种方式是**透过**它们**看**，就好比用一台望远镜去“瞥见天堂”——随着考察真相之能力的提升，可以享受到对现实的丰富观点。

接受基督教更大的"全景"有助于我们认识到，每一位照着上帝的形象被造的人都是极其宝贵的；地位和财富相较于认识上帝的丰盛，实在微不足道。托马斯·厄·肯培(Thomas à Kempis，约 1380－1471)在其《效法基督》(*The Imitation of Christ*)这部灵修经典中写道，事实上"世间的荣耀已消逝殆尽"。

可是总有一些人**选择**继续透过哈哈镜看世界。默多克认识到一个令人不安的事实，就是人们常会发现现实中不堪的一面，总想找个相对体面的角度来看待世界。其结果是，"我们睁开眼睛，却不一定能看到眼前的一切"。为什么呢？因为我们"编织了一张焦虑、自我且扭曲的**面纱**将世界部分地掩盖起来"。[7] 有时我们又会戴上一副玫瑰色的眼镜，假装一切顺利。但真相总是那么令人不安。

相反，如果透过基督教的镜头看世界，可以把焦点对准自己的真实景况，使我们认识到自己不能再这样继续下去了。它使我们深刻认识到自己是有罪的，好比陷入坑中，无法脱困，需要有人前来搭救。用一个医学的比喻来说，基督教的理论框架好比一个诊断工具，告诉我们哪里出了问题，并提供相应的治疗方案，将我们从一切皆好的错觉中释放出来，并给出医治的良方。

灯光：照亮幽谷

基督教的思维方式照亮了世界，我们即便走在人生的幽谷中，依然能够看得清楚。想象你站在山峰之巅，俯瞰壮丽的景色。阴暗中，你面朝西方，身后的太阳冉冉升起。渐渐地，乡村的天空破晓，夜影消散尽无。脚下被照亮的一切其实几个小时前就已存在，但直到现在才显露出来。有光才看得见，才能分辨。

在基督教传统中，光的意象蕴含丰富的历史信息。“耶和华是我的亮光，是我的拯救。”（诗 27：1）“你的话是我脚前的灯，是我路上的光。”（诗 119：105）基督教神学家提出的核心观点之一，即光可以显露事物的本来面目，驱散错觉。光明可以对现实进行检验，迫使我们直面赤裸裸的真理。

我入读牛津大学第二年时的宿舍位于沃德姆学院（Wadham College）最古老的区域之一。夜晚时分，房间看起来十分雅致。然而一到清晨，从窗外倾泻进来的阳光就会显露出墙壁的裂缝、斑驳的壁纸和破旧的地毯。我常想，如果能生活在半明半暗中会更快乐，那样就不必面对褪色的环境了。

被动地直面现实——这里头隐藏着更黑暗的一面。很多人都读过二战时期犹太人遭纳粹大屠杀的历史,对奥斯维辛等集中营的残暴血腥和惨绝人寰感到震惊。然而,这些死亡集中营中最令人痛心的一点,是我们从中看到了自己。尽管有些无神论者荒谬地认为是上帝发动了大屠杀,但残酷的现实是,整个事件由人类一手策划实施。世俗理性主义者亚历山大·蒲柏(Alexander Pope, 1688-1744)认为人类是"衡量一切的尺度",因此很难接受人类可以如此凶残这一现实。正是因为意识到这一点,如我们之前所见,奥登放弃了他曾天真持守的人性本善观点,转而信靠了上帝。

奥登等人认识到基督教解读人性的角度要实际得多。这种观点认为我们是按着上帝的形象被造,而且都是有罪的。我们一方面被上帝的异象鼓舞激励,向上提升;另一方面却因人性的弱点,堕落沉沦。这种两难的困境我们并不陌生,保罗曾对其作出著名且深刻的阐释:"我所愿意的善,我反不做;我所不愿意的恶,我倒去做。"(罗 7:19)

因此,从基督教的角度来看,我们必须认识到尽管人类的能力远超出大多数政治学或哲学所概括的范畴,我们堕落的潜能也是同样巨大的。基督教神学为我们提供了至关重要的镜头，以此来审视我们复杂的动机和目标：我们有上帝的形象，同时又是有罪的；我们既可以行善，又可以作恶；我们的历史文化一方面向往伟大与良善，另一方面却充斥着压迫与强暴。

这种认识自我的方式会令推崇人性者感到不安。对待令人不安的事实最简单的方法是否认或竭力掩盖。但这个事实不会消失。任何现实的“全景”必须能够解释人性深处那模糊的道德观。事实上，基督教的诠释之所以吸引人，是因为它正确地对待了“人类有能力故意作恶”这一事实。我们将在后续的一册书中对这一点作更多探讨。重要的是，我们需要一个可以信任的“全景”来解释现实中复杂的道德问题。

路易斯再次为基督教阐释现实的能力提供了绝佳说明。“我相信基督教如同相信太阳升起。不仅因为我看到了它，还因为借着它我看到了一切。”[8] 这一有力的诠释促使我们从解释世界这一角度来评判基督教。一种世界观的解释力越强，真实性就越高。基督教在这一领域的或成或败，是人们是否愿意相信它的原因之一。

切斯特顿对基督教解释事物的能力深信不疑，

这也是他重拾信仰的关键所在。切斯特顿的信仰之旅在1903年出现决定性的转折。那年，他在报上发文阐释为何要以十分严肃的理性看待基督教。“我们回归基督教信仰，因为它呈现了现实世界的清晰图景。”[9]

切斯特顿意识到，理论的检验必须借助观察。“判断一件外套是否合身，无需量身又量衣，只需穿上试试。”用切斯特顿自己的话说：

> 我们很多人已归信基督教信仰，并非源自这样或那样的观点，而是因其放之四海而皆准的理论——就像一件量身定制的外衣。当我们运用该理论，就好像戴了一顶魔术帽，历史摇身一变，成了一座透明的玻璃屋。

切斯特顿再次强调了我们反复重申的观点：基督教这幅全景图之所以引人注目，并非因为它的某个组成部分，而是因其整体的实相。个人对自然界的观察并不能“证明”基督教的真实性，相反，是基督教解释所观察事物的能力本身，证明了其真实性。“现象无法证明宗教，宗教却能解释现象。”

切斯特顿认为理论的优劣取决于启示的多寡

及其对外在所见与内在经历的解释力。“一旦我们脑海中出现这个想法，许多事情都逐渐清晰起来，就像点燃了一盏明灯。”法国哲学家和社会活动家西蒙娜·薇依（Simone Weil，1909－1943）也作了很多相似论述。薇依在其短暂一生的后期发现了基督教信仰，被其破解人生谜题的方式深深吸引：

> 如果晚上出门打开手电，我会通过观察照亮了多少物体来判断手电筒的照明能力，而不会以观察灯泡本身的方式来判断……宗教，广义而论是一种灵性生活方式，是用投进世界多少亮光来衡量其价值的。[10]

尽管基督教信仰照亮了周围世界，但仍留有阴暗。黑暗也许会逐渐明亮，但并非一切都会变得清晰。正如保罗所言：“我们如今仿佛对着镜子观看，模糊不清。”（林前13：12）他的比喻意指一种模糊不清甚至扭曲失真的看待事物的眼光，使我们看不到事物的本真。信仰的风景包涵了那遥远朦胧、无法被阳光完全照亮的边界。

因此，尽管基督教信仰使我们看得比先前更远，它也提醒我们人的眼界毕竟有限。信仰就是，无论如何困惑与迷惘，都相信上帝必与我们同行。我们或许无法从每件事中感知上帝的存在，但无论走到哪里，上帝必全然看顾。“我若展开清晨的翅膀，飞到海极居住，就是在那里，你的手也必引导我，你的右手也必扶持我。”（诗 139：9－10）上帝的同在与看顾不倚赖于我们的判断或理解；即使凭眼见与推理都令人失望时，上帝依然与我们同在。

第3章
语言和故事：发现信仰的深层含义

基督教有助于我们理解事物的内涵，使我们能以崭新的眼光和与众不同的视角来看待世界。当然，我们并不奢望**万事万物**都变得明白易懂，也不期待**一切**幽谷都被照亮。但我们可以因此寻见生命的方向与意义，更好地应对生活中的不确定性和难题。信经为我们提供了深入信仰内涵的架构，但许多人感到信经的语句即便算不上难懂，也是不够充分的。

当语言苍白无力时

本章重点讨论这一问题。我们必须借助语言来表达生命最深处的直觉、最重要的时刻和最激动人心的情感——无论是坠入情网还是发现上帝

——却往往发现语言不足以表达出思想的涵义和情感的强度。当我们试着写信给已故朋友的家属略表哀思,让某人知道他有多么重要,感谢别人帮助自己渡过难关时,语言常常令我们失望。有时诗歌的确可以表达无法言说的心情,但多数时候,我们很难找到合适的语言。奥地利哲学家路德维希·维特根斯坦(Ludwig Wittgenstein, 1889－1951)有句名言:语言永远无法形容现磨咖啡的浓郁香气。

这个问题并不限于咖啡或前面提到的个人经历。试想你站在阿尔卑斯山的山脊上,脚下风景如画,好似铺开的挂毯,绵延至远方。傍晚时分,柔和的日光照亮了树林、溪流、田野和村庄。你如何向家人描绘这样的景色?

其实你做不到。美妙至极的东西皆无法言喻。“我看见了美景”是远远不够的。即使你一再努力,这种美好的体验还是难以言表。现实和语言之间存在着明显的落差。你可以告诉朋友从山顶看到远方的树林,但“树林”这个词并不会唤起你对绿林或是阳光透过树叶洒下的斑驳光影的回忆,更无法激起你看到美景后的情绪反应。

当然,你也可以画图说明它们的相对位置——

树林相对于山脉在哪里、溪流相对于村庄又在哪里，等等。但正如上一章所言，地图只是对三维景观的二维描绘。那份山清水秀、和风送爽、花香四溢、松香宜人、牛群觅草而牛颈铃“叮当”作响的画面带给人的惊喜与感动，是很难通过纸上涂鸦传递给朋友们的。

难怪那么多人放弃了语言，转而使用镜头，但即便相片也是不够的。必须身临其境，才能感受到阿尔卑斯山脉的壮美，体会到蔚蓝大海环绕的热带岛屿的奇妙。语言和图像都无法展现出完整的现实。

然而除了借助于语言，我们别无他选。语言虽有局限，却有力量。有时候，一句话可以改变一切。

试想以下几个场景：一个男人债务缠身且资不抵债，面临破产，几近崩溃之时，突然收到会计的紧急信息：“你的债务解除了。”一对老夫妇的独生子在中东惨遭绑架，面临死亡威胁。这时他们接到一家全国性新闻报刊的电话：“你的儿子被释放了。”年轻的女子无比空虚寂寞，这时她暗恋的男子竟来拜访，并对她说“我爱你”。

此处的语言成为扭转乾坤的标志。同样，“基督教信仰”这样的惯用语听起来似乎呆板僵硬、乏善可陈，所传递的内容却直抵内心和灵魂深处。“我信上帝”的宣告看似冰冷无趣，实则纷繁复杂，趣味盎然。

维特根斯坦（上面提到的咖啡名言）不只道出语言在日常生活中的局限性，同时提醒我们，若想了解语言的**真实**含义，必须搞清楚语境。“只有在生活的激流中，语言才有意义。”[1] 字典的释义令人失望；我们要亲耳听到人们表达自己对某些观点的理解，及其对自己日常生活的影响。这一点尤其适用于基督教的“信仰”一词。

下面我们听听四位不同背景的人士对信经首句“我信上帝”的理解。我让他们试着用语言表述一下相信上帝意味着什么。第一位是信主二十年、从事法律工作的女性。

> 我曾认为生活毫无意义，对真与美的向往只是虚无飘渺的幻想。后来，当我发现了心之所向，一切都改变了。我找到了曾经强烈渴望的平安，我的心之所向就是上帝。

第二位讲述者是一位从小信主的退休教师，他发现信仰带给他晚年生活极大的安慰。他的评论短小精炼。

如果没有上帝，我的人生将黯淡而空虚。

第三位表达信仰的是一名学生。她一直认为自己是一名基督徒，但真正开始深入思考信仰是在大学时期。

我觉得圣经是在讲述真理，讲述有一位爱我们的上帝。上帝的话语是我的力量，我的磐石。

第四位见证人是当地的商人，他的人生观颇为实际。

我的信仰之路便是和上帝建立真实亲密的关系，并深知他有多爱我，无论我有多失败。

从某种意义上讲，这四种对信仰的解读大相径庭。基督教既是群体信仰，却也有个体性，关系到个人身份与个体关切。对一些人而言，信仰带来了稳定的生活；对另一些人来说，信仰关乎被珍爱和重视；还有一些人认为信仰赋予事物以含义。这些对信仰截然不同但互为补充的解读，构成了信仰多姿多彩的风景。

不过，仅靠寥寥数语概括信仰意味着什么并不容易。语言似乎无力表达深奥之事，但我们仍可善加利用，使用关键词而非完整的语句。最终，基督教提供了一个强有力的论点，即人类内心的渴望、生命的意义、正义的根基、盼望与憧憬的终局，都集于那位公开宣称自己是上帝的拿撒勒人耶稣身上。同样，我们也可以使用这类语句，来讲述自己的信心故事。

事实上，近年来文化史已表现出对故事之重要性的重视，因故事能帮助我们理解事物与诠释美善。为加深对基督教信仰的理解，我们需要对此作更深入的探讨。

信心的故事

福音书所记载的最有力的经文之一，便是拿撒勒人耶稣对“谁是我的邻舍？”（路 10：29）这个问题的回答。耶稣用的是好撒玛利亚人的比喻（路 10：29－37）。这则震撼人心的故事具有强大的吸引力，其答案比任何字典定义的“邻舍”都更令人难忘、掷地有声且具挑战性。

让我们再抛出一个问题：上帝是什么样的？有人会拿着字典说，上帝是“至高的存在”。基督教圣经却避开字典的定义，取而代之的是一个故事。

故事一开头就讲述上帝创造了一个神奇美好的世界，他看一切甚好，但很快便出现了问题。切斯特顿以其特有的睿智找到症结所在：

> 上帝写下的，与其说是一首诗，不如说是一个剧本；这个设计完美的剧本必须交给人类中的演员和舞台监督，结果却被演得一塌糊涂。[2]

那么，如何才能恢复正常呢？在这里，伟大的信心故事起初聚焦于一个人，然后是一个民族，最后扩展到全人类。上帝呼召亚伯拉罕作以色列的先祖，并应许弥赛亚会出自这个民族，为整个世界带来救赎。正如剑桥大学国王学院（King's College）“九课与圣诞颂歌礼拜”（Service of Nine Lessons and Carols）的“始礼祷文”（bidding prayer）所言，我们应当“共读圣经并留意经书中有关上帝慈爱旨意的故事，他从人类悖逆的第一天起就立定了这样的旨意，直到他借着圣婴为我们带来荣耀的救赎”。圣经是一部关于创造、堕落、救赎和最终成全,并且可以引人遐思、温暖人心、启迪心灵的宏大史诗。

也许大家会问,这个故事与基督教信仰的陈述有何关系?C. S. 路易斯或许可以帮助我们把握问题的实质。20 世纪 50 年代,路易斯出版的作品不仅包括《返璞归真》,还有深受欢迎的"纳尼亚传奇"(The Chronicles of Narnia)系列儿童文学作品。许多研究路易斯的学者认为,这些作品反映出相同的核心主题,区别在于《返璞归真》运用的是缜密的推理,而《狮子、女巫和魔衣橱》(*The Lion, the Witch and the Wardrobe*)等其他几部系列小说则采用讲故事的方法来探讨基督教信仰。阅读《返璞归真》要诉诸理解力,而读纳尼亚的故事则需借助想象力。

但也不尽然。《返璞归真》关键几处也运用了想象力,不过这样的比较是有益的。路易斯在前一部作品中**论证**并说服我们接纳他的观点;在后一部作品中,他**呈现出**一个世界并邀请我们走进去。

在《狮子、女巫和魔衣橱》中,佩文西一家的四个孩子听说了纳尼亚的故事。但究竟哪一个才是真相?纳尼亚真的被白女巫统治了吗?或者白女巫只是个篡位者,黑暗势力终将被打破?阿斯兰神秘高贵，随时可能重返纳尼亚，难道他才是纳尼亚真正的国王吗？孰真孰假，孰是孰非，需要孩子们来判断。孩子们逐渐发现，种种迹象表明，阿斯兰为王的解释更加合理，这样既理清了线索，也符合他们的直觉。其实，纳尼亚每个独立的小故事都是这个宏大叙事的一部分。

路易斯精雕细琢出这部奇幻巨著，旨在寻找一个解释所有故事的核心故事（principal story），然后因这个故事赋予人生意义与价值而欣然接受之。

但路易斯并不是纳尼亚故事的原创者。他借用了他所熟知且真实可信的基督教故事：从创造、堕落、救赎到最终成全的终局。基督教信仰的"宏大叙事"（grand narrative）讲述了上帝如何进入人类历史拯救世界。基督教故事首先聚焦于耶稣基督，然后向四围扩展。耶稣基督是上帝来到人类面前、也是人类来到上帝面前的道路。耶稣基督的故事告诉我们上帝是谁、我们是谁。

为什么圣经采用讲故事的方法教给人们所当信的和当做的？基督教神学大致给出两种解释。一种解释是叙事使信仰更易于理解。上帝顾念人的能力，选择以人类力所能及的方式来交流。"神圣的俯就"（divine accommodation）这一观点强调仁慈的上帝选用各种方式自我显现——故事、意象和思想观念。

第二种解释对护教学而言尤为重要。护教学在基督教思想中，侧重于向世人传扬福音的喜乐与奇妙。故事改变人们思维方式的能力是独一无二的，它引导我们以某种眼光看待世界。一个娓娓道来的故事可以搁置疑虑，使人们更愿意思考所听闻的内容是否真实可信。许多读过托尔金史诗般的《魔戒》(*The Lord of the Rings*)的人，发现其所呈现的世界如此博大深邃，吸引他们思考生命更深层的含义。

上帝的故事和我们的故事

"这背后可有故事！"这句话你听过多少次？1978 年初，我在牛津大学玛格丽特夫人学院(Lady Margaret Hall)跟随一位神学导师学习。下课后，我和导师站在书架旁，他从中抽出了几本书，认为我会感兴趣，而我却被路易斯的书吸引。我已记不清是哪一本了，那时我刚开始对路易斯的书感兴趣。我问导师他怎么看路易斯，他笑着拿起那本书在空中挥舞，说："这背后可有故事！"我的导师名叫彼得·拜德(Peter Bide)，原来他就是 1957 年 3 月在牛津医院(Oxford hospital)为C. S. 路易斯和乔伊·达韦曼(Joy Davidman)证婚的牧师。[3] 那本书对他而言是一份回忆，有特殊的含义，现在我也了解了这层含义。拜德向我讲述了一本小书与他生命中更为宏大的故事之间的联系。

我们再来做一个思想实验。想想你的家中是否也有隐藏的故事，这故事有其特殊的内涵和意义，而于他人却不显而易见？你会挑选哪一个？

我先来说说自己的故事。自1972年以来，我的书桌上一直放着一台老式的德国显微镜。我走到哪里就把它带到哪里。早在20世纪60年代，我的伯祖父还是贝尔法斯特皇家维多利亚医院(Royal Victoria Hospital, Belfast)病理科主任时，就把它送给了我。这个显微镜是一扇通向崭新世界的大门。透过镜头，我欢欣鼓舞地观看从池塘中找到的细小植物和细胞，它培养了我对大自然的热爱，直至今日。

为什么我一直保留着这台显微镜呢？因为它让我首先想起我的伯祖父，他在送给我显微镜后不久就离开了人世。它也让我想起自己的过去，回忆起年少时光以及那时对未来的理想和憧憬。此外，它成为塑造我的人生观重要内容的象征，即对大自然的专注加深了我们对上帝的认识。

我相信你能找到其他类似的例子——信件、照片、礼物或日常物件,虽然普通,却极特别地把你和自己的故事联结在一起。

此外,我们自己的故事还与一个更宏伟的故事——基督教信仰的"宏大叙事"——相联结。基督教的故事不是我们超然于外去讲述的,而是置身其中去经历的。信仰可以理解为投身到"宏大叙事"中,发掘自己在推动整个故事向前迈进的过程中所应扮演的角色。

信经可视作对气势恢宏的信仰故事的简短诠释。这个宏伟的故事讲述了创世、堕落和恢复;提到了出埃及、旷野漂流和进入应许之地;描述了救世主的降生、受死与复活;最后,还谈到**我们**,将其变成**我们的**故事。基督徒要允许自己的故事被更宏大的基督教故事塑造和支撑。

信经并没有把这个故事仅**当作故事**来讲,而是浓缩了要义,提炼了重点。对这一观点细致入微的思考出自多萝西·塞耶斯笔下。在她的论文《教义即戏剧》(The Dogma is the Drama)中,塞耶斯展现了基督教故事是如何传递神学情感的。("dogma"这一术语可理解为教义或一系列信条。)她认为,多数人“根本无法相信教会的正统信经可以和妙趣横生、激动人心、引人入胜扯上丝毫关系”。为何如此生动的故事竟通过信经这么沉闷僵硬的方式表达出来？

> 教义即戏剧——它不是优美的措辞，不是情绪的安抚，不是对仁慈和高尚的模糊愿景，也不是对死后世界的美好应许——它乃是一份骇人的声明：这位创造万有的上帝曾来到世间，并穿过了坟墓和死亡之门。[4]

塞耶斯认为，这个颇具戏剧色彩的故事成为理解信仰的关键。“基督教信仰是一出最激动人心的戏剧，它不断冲击着人类的想象力。教义**即**戏剧。”

然而，有关信经不是讲述真实发生的信仰故事最佳方式的疑虑，激发我们进一步思考基督徒在使用语言表达生命中最深刻的现实时所遇到的难题。

理论与现实

世人皆想参透万物，但人类的大脑却很难适应纷繁复杂的情况。特别是科学事实,很难被形象化。少年时期,我曾认为原子就像一个微型太阳系。原子的中心是原子核,由质子和中子组成。电子围绕原子核运动,就像行星围绕太阳旋转,仅此而已。

但事实并非如此。我在大学期间进行了深入的科学研究,才发现这只是伟大的物理学家欧内斯特·卢瑟福(Ernest Rutherford, 1871 - 1937)发明的描述原子的一种简易方法。原子完全不是这样的。卢瑟福只是提供了一幅将看不见摸不着的事物形象化的图像,并借此解释一些数学公式,否则它们就会过于抽象。

我们需要借助图像来思考,正如景区地图和机械的复杂结构图旨在帮助我们更好地去理解。但地图和结构图所描绘的对象早就存在。现实先于描述。没有人会认为先有了卢瑟福的微型太阳系比喻,然后才诞生了原子,或阿尔卑斯山先被标注在地图上,随后才出现。

基督教的教义也是如此。它们描述了基督教信仰所揭示的深刻现实。我们的目标是经历这样的现实,而且我们手中有一幅信仰地图,可以寻找、住进并探索这个全新的世界。有些人可能会满足于地图本身，那么他们便错过了地图所标注的景观。

作为一名专业神学家，我想强调一下理论以及理论正确的重要性。我们需要花费时间和精力，确保对上帝的属性以及拿撒勒人耶稣的身份和意义有一个尽可能可靠、全面的认识。上帝是真实存在的，先于我们的思想。现实亦先于教义而存在。教义是将现实呈现出来，如同地图（或绘图人）将风景描绘出来。

即使地图如实地反映了风景，也不同于风景。当置身乡野，地图所描绘的被简化的实景便一目了然，我们可以根据自己的实地观察，对地图进行修正。最重要的是，因为我们亲眼看到了实景，地图上的符号图像变得更充实而具体。

每一位科学家都知道，理论可以将现实简化到可驾驭的程度。理论提供了一套理解复杂概念的方法。但现实可能因此被过分稀释，这样做的代价是巨大的。当我们试图将上帝缩小到可以驾驭的层面时，很可能忽略了上帝的超越和荣耀。许多基督徒对三位一体学说感到困惑的原因之一，是他们面对的上帝被简化了。真实的上帝是无法驾驭的——他在我们赞美和崇拜时开启我们的思想，激动我们的心。

这就是敬拜在基督徒生活中极为重要的原因。它提醒我们上帝远非一个概念。永活、慈爱的上帝点燃了我们的情感、理智和想象。身为作家和牧师的陶恕(A. W. Tozer, 1897－1963)一语中的地说:"跟随内心狂喜的直观比倚靠神学思想审慎的理性更明智。"

我有几位朋友是通过敬拜而信主的,和他们交谈过后,我深刻认识到敬拜的重要性。其中有两位同事给我留下了深刻的印象。20 世纪 90 年代末,他俩走访了伦敦最大的教堂之一。虽然他们完全没有信仰,却想了解一下基督教这么过时的东西何以吸引如此之多的会众。于是他们决定去参加主日礼拜。

他们告诉我,那次体验令人心生敬畏:"这些人所发现的,我们却一无所知。"不管那是什么,这两位专业人士都希望更多地了解,到底是什么如此荣美和有吸引力,在会众中激起如此强烈的反响。随着不断深入基督教信仰,他们两位也接受了众人欢喜敬拜的上帝,感受到他的伟大。他们同样被上帝和他的作为所打动。敬拜打开了他们的心灵和理智之门,他们的生命从此翻转。

信仰的奥秘

基督徒作家常言及“保留信仰奥秘”的重要性。他们认为，若非如此，基督教将沦为圣化的常识(sanctified common sense)。我们需要反思“奥秘”一词。当保罗宣称“历世历代所隐藏的奥秘”(西1：26)如今已经显明了，他说的是什么意思？

20世纪70年代中期，我刚开始接触神学时，这个词的意思似乎不言而喻。“奥秘”就是某种谜语或难题。那时的我是个如饥似渴的侦探小说爱好者，定期造访牛津的二手书摊，寻找厄尔·斯坦利·加德纳(Earl Stanley Gardner)的小说来充实我的藏书。尤其令人欣喜的是，科林·德克斯特(Colin Dexter)刚刚面世的“莫尔斯探长”(Inspector Morse)系列小说，竟是以牛津为背景的。在我眼中，奥秘就是表面看来令人困惑不解的一系列事件，通过机敏的侦查可以一一解开。

这是理解基督教的良好开端。正如第一章指出的，基督教信仰的智性美德(intellectual virtues)之一，是它不仅可以自圆其说，还可以解释我们的内在经历与外在所见。我曾以为保罗所说的“历世历代所隐藏的奥秘”，是指拿撒勒人耶稣的到来解释了旧约中许多晦涩的章节。但后来我才明白，这只是"奥秘"的一方面,要想了解奥秘的全部,还需深入探索。差不多有十年时间,我才渐渐明白,人类大脑是无法完全掌握现实的深层结构的。新约和基督教思想家使用"奥秘"一词,其实意指基督教信仰超越了理性范畴的不可测度的深度。在与永活上帝相遇时,我们面对的是无法形容的无限伟大。

切斯特顿通过对比诗人和逻辑学家截然不同的思维方式,以其独特的视角清晰地阐释了这一点。诗人思维发散,尝试领会现实的奇妙;而逻辑学家则设法将世界限定在可驾驭的思想中。

> 诗歌是明智的,因为它只是随意浮漾于无边的海洋;理性却竭力跨越无边的海洋,使之成为有限。结果必然是精神枯竭……诗人只想把脑袋伸进天堂;而逻辑学家却要把天堂塞进脑袋,于是他的脑袋便分裂了。[5]

古往今来,基督徒作家已阐明这一点,我们应当听取。诗人和神学家约翰·多恩(John Donne,1572－1631)提到"极重无比的荣耀",是在表达用语言形容上帝之无限伟大时遇到的纯粹心智难题。

我们敬拜和尊崇上帝的荣耀，对其本身却知之甚少。

多萝西·塞耶斯以更平实的方式表达了大致相同的观点。她说，试图将上帝限定在惯用语中，就好像硬把一只狂躁的大猫塞进小篮子里。刚把它的头塞进去，尾巴就露了出来。后爪刚进去，前爪又冒了出来。当你终于成功地把猫挤进篮筐，它发出的“凄惨的哀号”昭示着“这个生灵的某种基本尊严受到了侵犯，遭受了不公的待遇”。[6] 如果你无法将一只猫塞进一只篮子，又如何能将上帝概括为寥寥数语？“说上帝是个谜，即是说你永远无法将他钉入框架内。即便是基督身上的钉子也至终证明是无力的。”[7]

当我们说“这个我无法理解，因此它必定是错的”，这是很危险的。我们以为某一观点缺乏理性的时候，其实反映出理性的局限。人类的想象力之所以重要，是因为它弥补了理性的局限，而且提醒我们不要主观臆断地认为现实就是可见或可理解的事物。论及上帝是“奥秘”就是要承认我们受控于比自身更伟大的存在，由此推动我们不断拓展而非限制认知的视野。

那么，我们如何才能领悟基督教信仰的完满，正确看待上帝的丰盛奇妙，领会耶稣基督的全部意义呢？有一种方法对此大有帮助，我们将在下一节进行讨论。

彩虹与一笔一画

记得那是 1988 年托斯卡纳一个阳光明媚的清晨。我前往佛罗伦萨市文艺复兴时期首屈一指的图书馆，找寻一部馆藏的 15 世纪末发表的手稿。图书馆环绕着一座小庭院，就像修道院的回廊，四围铺有石板路，屋顶是佛罗伦萨著名的大红色砖瓦。庭院中心有一座小花园，园中花草生意盎然，建筑外墙上攀爬的绿植枝繁叶茂。

作为海外学者，我对此行怀着满腔热情，却发现到得太早，图书馆还没开门。于是我边等边绕着园子散步，发现小花园从不同位置看去竟有完全不同的景致。从某个角度看，园中种满了玫瑰，从另一个角度看，又满是柑橘树。只有从不同角度才能全方位地领略花园的美景。庭院中每一扇拱形的没有玻璃的窗户都敞开着，赋予这座花园别样的景致。每一个视角都堪比一张快照，一同构成一幅全景图。

图书管理员终于到了。我赶紧把论文整理好，准备开始一天的工作。但我的希望很快又落空了。她解释说，今天是周一，图书馆比平时开得晚。我沮丧地遛达到附近的广场，挑了一家露天咖啡馆，点了一杯咖啡，安慰自己说，这些手稿已经在图书馆里存放五百年了，就再多待一两个小时吧。

广场紧挨着佛罗伦萨文艺复兴时期一座宏伟的大教堂。从我的座位望去，可以看到教堂局部的美。喝完咖啡，我看了看表，决定用余下的时间参观教堂内宏伟的装饰。我闲逛着，佯装自己是福斯特（E. M. Forster）经典小说《看得见风景的小屋》（*A Room with a View*）中的露西·霍尼彻奇。待图书馆开门后，我便回去开始了研究工作。

但早上的场景历历在目。我意识到越是庞杂的事物，越无法一眼望穿。那座花园清晰地说明了这一点，而大教堂更是形象地印证了这一点。从穿街而过的大巴车窗或露天的咖啡厅向雄伟的建筑投下惊鸿一瞥，并不是上好的选择。你必须走出去，从不同角度观赏，才能发现隐藏的丰盛奇妙。看见并不等于理解与欣赏。从宏伟建筑不同侧面拍下快照可以拼凑出单张快照无法呈现的全景图。简而言之，整体大于部分之和，尽管各个部分也很重要。

把握小花园的全貌尚且不易，领会基督教信仰荣耀的丰盛更是谈何容易。有些东西无法挤进一个简单的公式、句子或比喻中。上帝的属性和耶稣基督的身份等信仰的重要概念都是十分复杂的。

举例来说，圣经使用了大量明喻和类比来帮助我们理解上帝的意义。如上帝是我们的父、牧者、磐石等等。同样，拿撒勒人耶稣是弥赛亚、大卫的子孙、救世主和罪人的朋友。另外，当我们思考十字架的意义时，会发现圣经和长久以来解释经文的基督教传统皆充满意象与概念，彰显了十字架的意义。十字架彰显了上帝的爱，它使罪得赦免，并带来医治。无论如何，丰富且多面的现实是由一系列快照展现出来的。我们需要将每张快照所展现的局部风景拼接在一起，形成一幅全景图。“全景图”拓展了信仰的视野；对单个要素的审视又加深了我们的理解。下面两个类比可以更清楚地说明这一点。

想象一道彩虹。雨滴可以将太阳的白光分解成赤橙黄绿蓝靛紫七个组成部分。这些颜色汇集在一起就形成白光。当光线射入雨滴，通过折射，可以观察到不同颜色的光线。

再来思考一幅引人注目的画作，比如梵高著名的《向日葵》。我们先退后一步，将整幅作品当作艺术品来欣赏。然后我们靠近一些，来欣赏梵高独特的笔触以及他对色彩和纹理杰出的驾驭能力。

为了全面地了解信仰，我们既要统观全局，也要深入细节；既要俯瞰全景，也要细究快照。法国知识分子、历史学家吉尔松（Étienne Gilson，1884－1978）曾形容中世纪的神学体系是一座“思想的大教堂”。这与我们方才对佛罗伦萨大教堂的思索十分契合。试想伫立在这座气势恢宏的大教堂中，怀着激动的心情品味它的方方面面——它的设计、壮美和辉煌。

再回到信经的话题。它们并非只是对与上帝有关之事简单的总结归纳，而是邀请我们一同探索信经所指向的奇妙风景。就像大教堂示意图和景区地图，信经都是有益的总结和起点，但只有我们将其作为发现之旅的向导，用崭新的眼光和满足感来领略风景时，这些地图才变得鲜活起来。

接下来，让我们谈谈信经是如何产生的。

第4章 信经：公众眼中的信仰

我最生动的童年记忆之一是在20世纪50年代的某一天去爱尔兰乡村的教堂。当时，会众被要求背诵《阿塔那修信经》(Athanasian Creed)，并使用旧版的《公祷书》(Prayer Book)。我们正在背诵深奥的“父不可测透，子不可测透，圣灵亦不可测透”时，突然一位老农夫打断了流程，喊道：“这简直不知所云！”我当时深有同感。这些语句对我来讲毫无意义，而且对于我几年后成为无神论者，或许还起到了推波助澜的作用。

许多基督徒都能切身体会老农夫的感受。信经似乎总在堆砌辞藻，冗长而且公式化。其实，信经这一文字的器皿承载着福音的宝藏。我们需要将其视作一扇窗或是一个镜头，去观看或对焦。信经本身不是目的，而是达成目标的手段，这目标就是去发现上帝改变生命的异象。

信经与信仰生活

我们通常将信仰视为一系列信条的清单。你先要决定是否相信上帝。想清楚这一点，再看下一项。当你终于来到最后一项，便可以说："阿们！是的，我相信！"然而，真实的信仰并非如此，而是关乎看到位于基督教核心的全景——被它吸引而开始进一步的探索。或者说这就像坠入爱河的恋人渴望更多地彼此了解。先有了爱与信任，随后会有更多发现。

尝试思考福音书所记载的耶稣对彼得和安德烈的呼召。拿撒勒人耶稣在加利利的海边看见打鱼的彼得和安德烈（可 1：16－20），只对他们说了简单的几个字："来跟从我。"他没有解释自己是谁。最初的两位门徒认定耶稣是全然可信靠的，便舍了网——他们赖以生活的全部——来跟从耶稣。他们选择把自己全然交托给耶稣，尽管并不了解他是谁，却认出他的与众不同。

我们也许会惆怅地叹惋世界为何不能永远这样简单。首批门徒在跟随耶稣之前并没有被要求背诵信经！为什么我们需要？如果信仰的核心是全然信靠耶稣基督，又为什么把它搞得如此复杂？

这是完全合情合理的问题。或许我们还记得，尽管彼得和安德烈的信仰之旅始于加利利的海边，却不止于此。纵观福音书，我们会发现随着门徒逐渐加深了对拿撒勒人耶稣身份和意义的了解，他们的信心也渐渐加增了。一开始，他们对他是信任；随着时间的推移，通过回答一连串的疑问，这种个人信任被辅以(并非取而代之)信心。拿撒勒人耶稣在以色列的故事中起到什么作用？他有何特别之处？跟随他意味着什么？他对门徒自己的故事产生了什么影响？门徒正是通过回答这些问题并向他人讲述耶稣的重要性，才发现必须用**语言**来表达对他的**信仰**。信经是早期教会精心挑选出来形成共识的语言，旨在呈现基督教信仰的核心。信经对基督教信仰的描述正如地图对风景的描绘。

理解信经的另一种方式，是将其视为一副骨架，在信仰上支持供养生命的各种器官。如果没有坚挺的骨架，身体就会倒下，无法自我支撑。正是相互连接的骨骼所构成的骨架为维持生命所必须的各个器官提供了稳定的结构。心脏将血液输往全身；肺部将生命必需的氧气输送给血液；动脉和静脉将血液输送到身体所需的部位。这些器官都十分重要，但需要骨架的支撑才能正常运作。

脱离鲜活的信仰单独来看信经，无非是辞藻的堆砌。人们在背诵信经时，极可能对其隐藏的含义一无所知。医学院学生手中的骨架象征着死亡，因为维持生命所需的重要器官已不复存在。信经也可以成为对冰冷且毫无生气的信仰的宣告。信经原本是用来**相信**的，现在却仅仅拿来**背诵**。

然而，信经不应孤立来看。它是更大整体的一部分，是内心真实鲜活的信仰外面的一层保护壳。这个信仰的基础，是我们借着耶稣基督，倚靠圣灵的力量，与上帝建立起爱的关系。信仰的重要器官是祷告、敬拜和尊崇。

信仰、信念和信经

基督教教会的两大信经——《使徒信经》(Apostles' Creed)和《尼西亚信经》(Nicene Creed)，参见附录——因在基督徒崇拜中被广泛使用，已为大家所熟知。但它们为何存在？我们真的需要它们吗？毕竟，除了基督教，世界主要宗教中没有任何一种使用信经，就连教义极其清晰的犹太教、伊斯兰教等一神宗教，也没有信经。我们先以信仰最简单的形式——信任——来探讨这些问题，看看可以得出什么结论。

福音书中有一幕十分感人，是在各各他有两名犯人与耶稣基督同钉十字架。其中一位犯人代表消极悲观的犬儒主义者，他讥笑基督。另一位却认出了基督的与众不同，尽管他不确定如何用语言表达他的洞见，却深知这个人值得信赖。“耶稣啊，你得国降临的时候，求你记念我！”（路23：42）他用简单的话语充满信心地交托，虽然缺乏神学方面的严谨，却已经足够。基督的回答响彻后世：“我实在告诉你，今日你要同我在乐园里了。”

我们对被钉的那个犯人一无所知，甚至不知道他的名字，但他是基督徒信心的典范。他坚定地表达了热诚和决心，愿意把自己交托给耶稣，这才是真正重要的。他信靠耶稣。许多人被基督在十字架上难解的孤独所吸引，本能地意识到耶稣手握通往永生的钥匙。在一个人委身以后，他的神学思想自然会提升。

在这个前提下，历代基督徒作家区分了“faith”一词的两层含义。第一层含义是指“我们相信所凭之信心”（faith by which we believe），是一种信任和赞同的行为，即向上帝说“是”，并且认定他为我们生命和思想的可靠基石。第二层含义是指“我们所相信的信仰”(faith which we believe)，即一套信仰体系。从这层意义上说，信仰指的是我们相信的内容，而非相信和信任行为本身。虽然对“信仰”的这两种理解如同硬币的正反面，是不可分割的，但仍有必要进行区分。信经主要与“faith”一词的第二层含义有关，但以第一层含义为先决条件。

对上帝有信心就是相信上帝。信经用语言表达出了信仰的实质。相较于相信和委身，信经是次要的，但不表明它不重要、可有可无。信徒与上帝之间通过祷告和敬拜来维系的关系，需要用文字和概念加以探讨。中世纪神学家坎特伯雷的安瑟伦(Anselm of Canterbury，约 1033－1109)在“信仰寻求理解”(faith seeking understanding)的口号中说明了这一点。我们被呼召去尽心、尽性、尽意地爱上帝(太 22：37)。信仰生活的一部分，在于深入了解我们所信靠的上帝。

切斯特顿对此也颇有见地，他认为人类是“发明信条的活物”。他观察到“树木是没有信条的”。人人都是不可知论者，直到他的生命出现了不可知论无法解释的危机和无法满足的需要。切斯特顿认为，那些大声疾呼“人类需要从信条中解放出来”

的人，就好比科学家满怀信心地声称“人类没有氧气也可以存活”。无论信经是直白还是含蓄，属乎宗教还是世俗，它都是人类生存的一部分。

塞耶斯提出了相似的观点。她嘲笑那些假借“宽容”之名，拒绝相信任何事物的人。她写道：“这种与人生重大问题脱节的犬儒主义者，什么都不相信，什么都不关心，什么都不追寻，也什么都不干涉，没有喜好，没有厌恶，找不到任何目标，就这样盲目地活着。他还活着，只是因为找不到死的理由。”塞耶斯认为，这并非对宽容的肯定，而是绝望的告白。

塞耶斯是正确的。我们无法脱离意义的架构而生存。当你找到了人生重大问题的答案，会紧紧抓住不放。为什么？因为它们意义非凡，能够改变生命。犬儒主义者认为人生的重大问题是无解的，并因此迁怒于那些已经发现答案的人，暗自担心这些答案或许是正确的。那些目空一切宣称“我没有信仰”的人，很多时候真正的意思是：“我不想思考那些深层次的问题，因为我担心找到会给我带来不便的答案。”

这是路易斯在20世纪20年代思考人生重大问题时的发现。他不愿相信上帝，并认为这个想法很危险，尤其会威胁到人的自主性。“友好的不可知论者会兴致勃勃地谈论‘人类对上帝的追寻’。估计那时候他们还对我（当时也是不可知论者）说起过老鼠寻找猫。”[1] 渐渐地，路易斯意识到自己别无选择。上帝不只是一个概念，而是活生生的现实，他亲自靠近路易斯。曾被路易斯理解为“哲学定理、带来头脑盛宴”的上帝，“开始晃动、起身、甩开裹尸布并站起来行走，活生生地展现在眼前”。[2] 他再也无法抗拒上帝了。作为“全英国最不情愿的归信者”，路易斯终于迈进崭新的世界，开始了探索之旅。

基督教信经搭建起人生意义的架构，我们因而找到了自己在历史版图上的位置，并借此理解身边的事物。接下来，我们将探讨信经的产生、作用及其如何形塑了基督教思想和我们今天的生活。

信经是如何产生的

基督教最初的三个世纪，没有信经，基督徒尚可生存下去。这并非因为他们对所信的不感兴趣，而是基督教世界尚未形成普遍的公共信仰标准。这就不难看出当时存在的问题。2 世纪初，罗马帝国处于鼎盛时期，其领土涵盖了整个地中海地区。

基督教在该地区以惊人的速度传播，但由于是非法宗教，信徒被迫进行秘密的聚会和敬拜。由于被罗马当局逮捕的风险实在太大，基督徒领袖们根本无法聚在一处商议共同的信仰体系。

然而，历史记录表明，2 世纪末，基督教世界达成了相当程度的共识。出于尚不完全明确的原因，罗马帝国全境的信徒在公开敬拜时，开始大声朗读某一特定著作，并视之为生活与思想的权威。地域差别自然是存在的，但在公元 190 年前后，某种非常类似于现代新约的文集已见雏形，而“信仰告白”则与现代的《使徒信经》十分相似。

这些文集和“信仰告白”用于独立的当地教会，并且当初似乎主要是通过基督徒跨越帝国边境的活动得以传播和采用。某些备受推崇的教会为其他教会的发展方向奠定了基调。大城市（例如亚历山大、安提阿、耶路撒冷和罗马）的基督徒领袖各自发展出传授信仰的独特方式，并形成信经的原型。鉴于帝国首都罗马“永恒之城”（eternal city）的地位，那些在罗马使用的信经尤为引人注目。

参加基督教崇拜是十分庄严郑重的。初信者必须经过严格的审查（因为他们很可能是罗马间谍）并接受严格的基要真理的教导才能获准加入。

受洗礼标志着正式加入基督徒团体。信徒在接受洗礼时要回答以下三个问题，以确认其信仰：

1. 你是否相信上帝——全能的父？
2. 你是否相信耶稣基督——上帝的独生子？
3. 你是否相信圣灵？

尽管有时所提的问题更为详细深入，但由以上三个问题组成的基本框架已为东西方教会所普遍接受。从某种意义上说，它反映出复活的基督留给门徒的“大使命”：“所以，你们要去，使万民作我的门徒，奉父、子、圣灵的名给他们施洗。”（太 28：19）通过对每一个问题都回答“我相信”，准备受洗者表达出对基督教全景的信心，当然这一信心并不仅限于这三个组成部分。

“信仰准则”

公元 2 世纪末，表述清晰的信经文本已逐渐成为实用的信仰纲要，并为著名的教会及基督教领袖所使用。虽然用词略有差异，但是宣言体现的整个基督教世界中的共性还是远大于细节上的分歧。渐渐地，宣言成为众所周知的 *regulae fidei*（这个拉丁短语意为“信仰准则”[rules of faith])。3 世纪初,说拉丁语的神学家德尔图良(Tertullian,约 160－225)在其著作中指出,基督徒相信:

……只有一位上帝,他是世界的创造者,万物都是借着他在万古以先赐下的道(Word),从虚空之中被造的;这道就是上帝的儿子,奉上帝之名,以各种方式向人类的先祖显现,对不同时代的先知说话,最后借着圣灵、因着圣父的权能,从天降下,在童女马利亚腹中成了肉身,由她而生,是为耶稣基督;他传讲天国的新律法与新应许,广施神迹;被钉死在十字架上,第三天复活;升了天,坐在父的右边;并赐下圣灵,取代自己的位置,引导一切信他的人;他将来必在荣耀中降临,接取众圣徒,得享永恒的生命和属天的应许。[3]

虽然德尔图良的“信仰准则”和《使徒信经》相比,明显存在一些差异,但两者还是非常相似的。它们和其他信仰准则各有所长,广受好评。经过几代人采用和推敲,基督徒终于形成一定的共识。《使徒信经》是基督教世界经过漫长的反思与完善最终形成的成果,这一“信仰准则”最终被采纳,并没有屈服于任何外在权威，而是凭借其内在的优越性。

《使徒信经》主要有两点功用。首先，它是信仰的共同声明，通过公共崇拜的反复背诵，方便记忆，初信者也可以借此承认和概括出基督教信仰。其次，《使徒信经》是非常有效的传道和教导的工具。它提纲挈领地列出信仰的基本主题供深入探讨和研究，尤其适用于布道。

那么《尼西亚信经》呢？要了解它的发展历程，先要清楚一点：随着罗马皇帝君士坦丁归信基督，基督教的地位在4世纪初发生了翻天覆地的变化，终于成为合法宗教。信众和基督徒领袖们不再受到政府任何形式的侵扰与迫害，基督教崇拜不必再秘密举行，基督徒领袖也可以自由聚会和行动。

随着基督教逐渐发展为罗马帝国的国教，君士坦丁大帝明确表示希望基督教能够发挥古罗马宗教的作用，特别是要形成一股统一的力量。必须解决基督教内部造成分裂的问题，以便教会示范并推动整个帝国实现君士坦丁所期盼的统一。

当时，基督教内部存在一些争论，包括那个时代的大城市中主教的地位问题。基督教已经在罗马、亚历山大和安提阿等大城市站稳了脚跟，在耶路撒冷古城也有重要影响。那么，哪个教会可以在帝国中占据主导地位？谁是最高级别的主教？（最终罗马被赋予最高地位。）其他的分歧更具神学性质，尤其是关于如何最好地表达耶稣基督的身份和他的重要性。

公元325年，君士坦丁大帝在小亚细亚（今土耳其）的尼西亚城召开了基督教主教参加的大公会议。会上达成的决议成为新版信经的基础。（我们现在所说的《尼西亚信经》实际上是325年信经的后续版本，在451年卡尔西顿公会议[Council of Chalcedon]上得以通过。）各主教和罗马皇帝强制要求教会采用325年的信经。值得注意的是，起初，《尼西亚信经》并不像《使徒信经》那样历经几代人的发展而形成广泛共识。

我们因此可以看出——尽管这一观点仍存争议——目前基督教普遍使用的两大信经的发展道路截然不同。《使徒信经》产生于基层基督徒群体，历经几代人的发展，赢得了广泛的赞同和支持。而《尼西亚信经》是为了响应罗马皇帝在帝国境内统一宗教的号召，由主教大会制定而成。从某种意义上说，《使徒信经》是"人民的信经"，而《尼西亚信经》则是"主教的信经"。

简要地回顾时至今日依然被普遍使用的两大信经的起源历史，有助于我们了解信经的产生过程，但我们尚未阐释信经的具体内容。想要理解信经的具体形成过程，我们需要做更深入的研究。

整合圣经的主题

基督教信经的主要作用是归纳、整合圣经的重要主题。早期基督教信仰的表述往往简短，例如一句简单的信仰告白——“耶稣是主！”（罗 10：9；林前 12：3），新约包含了稍长一些类似于信经的表述，例如：

我们只有一位上帝，就是父，万物都本于他，我们也归于他；并有一位主，就是耶稣基督，万物都是借着他有的，我们也是借着他有的。（林前 8：6）

我当日所领受又传给你们的，第一，就是基督照圣经所说，为我们的罪死了，而且埋葬了，又照圣经所说，第三天复活了。（林前 15：3－4）

[耶稣基督]在肉身显现，被圣灵称义，被天使看见，被传于外邦，被世人信服，被接在荣耀里。（提前 3：6）

以上经文及类似经文分散在圣经各处，它们没有被整合成为我们今天所谓的“系统神学”。比如新约书信部分汇总了关于生活在非基督教环境的忠告、对基督徒家庭行为的思考、对公共敬拜的指导建议以及无比宝贵的神学教导。

但这对于那些想更多了解基督教信仰具体内容的人又有何意义呢？基督徒作家一贯强调信经并非圣经的补充，而是总结归纳圣经的重要主题，并提供一套了解圣经全貌的框架。4 世纪，耶路撒冷的西里尔（Cyril of Jerusalem，约 313 - 386）清楚地阐明了这一点。他要求读者们将信经铭记于心，并解释了信经与圣经的关系。

> 这一对信仰的总结是为了……完整地呈现出汇总了圣经最重要信息的信仰教训。正如一粒小小的芥菜种孕育了茂盛的枝干，信仰概要用寥寥数语概括了旧约和新约中全部对真宗教的知识。[4]

西里尔显然借鉴了早前的作家，他的解读赢得了所有基督教教会的一致认可。信经不是由某个人（无论多么显赫）起草的个人信仰声明，而是基督徒群体的公开宣言。这一宣言是伴随着基督徒群体不断反思丰富的文化传统与信仰遗产，努力寻找尽量简洁的表达方式而形成的。

但不可否认的是，一些被很多人视为重要的圣经主题并没有纳入这两份信经。例如，信经中没有提及基督教会和以色列的关系，也没有说明耶稣基督是对旧约预言的应验，而后者是《马太福音》和保罗部分书信的一大主题。《使徒信经》没有明确提及基督的神性，而这却是《尼西亚信经》的重要内容。

如果信经并非也从未有意取代圣经，那么它一定提供了一套解读圣经的框架。这是基督教神学的一大主题，即如何"正确"或"最佳"地解读圣经。早期基督教对此也尤为看重。里昂的爱任纽(Irenaeus of Lyons)是2世纪重要的神学家，他曾痛斥那些看似标新立异，实则与基督教毫无关联的解读圣经的方式，并否定他们这样做的权利。他认为使徒阅读圣经的方式是基督徒的读经典范。新约所谓"信仰的财富"(提前6：19)*意指基督教信仰的基本主题，先托付给使徒，继而传于后代。实际上，爱任纽认为我们继承了使徒两项财富：新约经

* 请参圣经和合本修订版或新译本。——编者注

文和解释这些经文的正确方法。爱任纽将“使徒留下的传说”视为防止圣经被歪曲和误解的安全保障。

信经提炼出基督徒群体对圣经最佳解读方式的深入思考，整合出对信仰最稳妥、真实的表述。信经是开启圣经的钥匙，是带领我们找到宝藏的地图，但它并非宝藏本身。

让我们在此稍作停留。在地理大发现时代，欧洲航海员开辟了从欧洲到亚洲的新贸易路线，包括发现了美洲大陆。他们坚持作航海记录，探测地标以确定航线，并记录下用来躲避风暴的避风港和可致沉船的危险暗礁的位置。这些日志被称为“航海指南”（rutters，来自法语单词 *routier*，意思是“地图”）。它们是航海家的经验总结，可以传授给他人，并教导他们写出同样的航海日志。

信经就是信仰的航海指南。它讲述了基督徒群体如何找寻到解读圣经的最佳方式，并将其经验传递下来，使我们从中受益。祖辈们先于我们努力克服了这些问题，我们可以汲取他们的智慧和经验。信经会提醒我们哪些是必须绕开的珊瑚礁——比如认为拿撒勒人耶稣仅仅“像”上帝，也会告诉我们哪里是安全的锚地——如三位一体教义，早期基督徒认为该教义是对圣经见证的可靠丰富的总结。

这就引出信经暗含的一个主题——连结基督教历史的重要性。

与基督教历史合一

公元2至3世纪，《使徒信经》的早期版本开始出现于罗马帝国境内的基督徒群体中。那时，罗马当局视承认基督教信仰的人为颠覆分子，凡在罗马认信的基督徒都有可能被处死。

殉道者查士丁（Justin Martyr，100－165）是一位罗马的基督教神学家，于165年被捕。面对罗马官长的审讯，他拒绝向传统的罗马神祇下拜或献祭，而是如此宣告了他的信仰：

> 我们敬拜基督徒的上帝，他是独一的创造主，全世界可见与不可见的万物都是由他造的。主耶稣基督，上帝的独生子，众先知曾预言他要作救恩的使者、好门徒的老师，来拯救普世的人。[5]

这是公认的现代信经的雏形，查士丁却为此被斩首殉道，付出了生命的代价。

我们开始认识到，背诵《使徒信经》不仅仅是逐一读出信念的一览表。当我们与历代基督徒的历史相连结，从而向早期信徒（他们的认信招致危险甚至死亡）的信仰见证致以崇高的敬意时，我们就赋予了信经新的含义。我们不妨将信经视为历代基督徒见证的花名册，好比一件珍贵的传家宝，代代相传。

同已故的圣徒、殉道者和平信徒团契相通的宏伟主题，记载在剑桥大学国王学院"九课与圣诞颂歌礼拜"的"始礼祷文"中（不同于我们在第三章所引述的内容）：

> 让我们在上帝面前纪念那些曾与我们一同欢乐，现在已经到达彼岸，有着更荣耀光照的人们，他们的数目无法计算，他们的希望在取了肉身的圣道之中，我们与他们在主耶稣里永远合而为一。

信经将我们与罗马帝国时期的忠实信徒同列，真是既令人兴奋又让人惭愧。我们因此认识到，当我们在世界的竞技场上奔走那信心之路时，正有"许多的见证人，如同云彩围着我们"（来 12：1）。当我们竭尽全力向前奔跑时，那些已经完成比赛的信徒正为我们鼓劲喝彩。

如果信经的语言因熟悉而黯淡，请记住，与我们在基督里合一的先辈正鼓励我们重新审视信经，视其为抗辩、自我界定、拒绝妥协以及成为门徒的标志。当你吟诵信经时，不妨将自己视作从前的殉道者和圣徒，他们曾使用同样的语言承认同样的信仰，当我们努力在世界中活出自己的信仰时，他们正在对我们微笑。

还有一点值得思考。当我们行走天路时，那些先于我们走完信仰之旅的圣徒可以为我们指点迷津。他们曾发出同样的疑问，他们的回答鼓舞了仍在苦苦挣扎的我们。伟大的中世纪神学家索尔兹伯里的约翰（John of Salisbury，1120－1180）使用令人印象深刻的比喻帮助我们理解这一点。

> 我们都坐在巨人的肩膀上。我们的视野比他们更广阔，并非因为我们的目光更犀利或身材更伟岸，而是因为他们用高大的身躯托起我们。[6]

C. S. 路易斯常说，我们需要扩展我们的属灵视野。历世历代伟大的基督教著作让我们"借他人之眼来看，借他人的想象来想象，感受他人之心如同感受我们自己的一样”。[7] 我们阅读基督教经典，让作者带我们走进信仰更深更远处，从而拓展了信仰的视野。这不是呆板的传统主义——注重过去仅仅因其年代久远；它是一种生活理念，即重视古老的智慧是因其仍具生命力和价值。美国著名的教会历史神学家雅罗斯拉夫·帕利坎（Jaroslav Pelikan，1923–2006）一针见血地指出：“传统是死人的活信仰；传统主义是活人的死信仰。”

信经提醒我们跨代际传递信仰的重要性，它将那些有益于表述、坚固信仰的语言、思想、仪式和意象代代相传。C. S. 路易斯观察到我们生活在一个“时序势利”（chronological snobbery）的年代，以为最新的就是最好的。路易斯反驳道，古老的方法往往是一些久经考验、被时间证明可靠且可信的方法。我们需要让“来自远古的清爽海风吹醒我们的头脑”，[8] 扫清迷雾，使我们能够清楚地思考。前人已对生命与信仰的重大问题上下求索，我们何不汲取他们的智慧呢？

信经的形成

信经从根本上讲是对信仰的公开认信。它呈现出一幅实景图，从古至今赋予基督徒群体以生命、意义和方向。当我背诵信经时，其实是在做三件事。一是牢记这个“全景”是基督教信仰的基石；二是确认自己为该信仰群体的一员；三是宣告自己探索未知的意愿，并承认自己尚未了解的部分。信经激发人们挑战自己：它展现出一幅共同的愿景，鼓励我们不要停留在个人层面的摸索上。

有人可能就此会说：“是的，我的确相信并信靠上帝。但我不太理解信经提到的部分内容，还有一些我完全不明白！”

但是，请记住基督教是关乎“全景”的。信仰生活的部分正向“全景”这一整体发展，一开始不理解的内容后来会逐渐清晰。刚信主时，我觉得三位一体这一教义非常奇怪且令人费解。现在我明白了它的全部涵义。我们只需因着信心去相信，而不是用自己的经历、理解或领悟力去限制基督教的视野。无论过去还是现在，众信徒都鼓励我们向更远更深处探求。例如，当保罗谈到基督那“无限”或“测不透的丰富”（弗 3：8）时，他非但没有**阻止**我们进一步寻求，反而**鼓励**我们这样做。向更深、更远处的探索将会发现超乎想象的宏伟壮丽，这一景观将会震撼我们。

因此，背诵信经既是确认我们已经发现并相信的真理，也是操练扩充对上帝和基督的理解。

信经与基督徒身份

早期基督徒面临的众多挑战之一是思想或宗教的同化。基督徒的信仰将他们从周围的世界观中分别出来，无论这些世界观是宗教性的还是世俗的。信徒和教会团体被称为是“世上的盐”，盐若失了味又会怎样呢？

随着基督教的影响力在罗马帝国日益扩大，基督教面临着威胁，即为了与罗马宗教和文化保持一致而放弃自己的独特身份。罗马的希坡律陀（Hippolytus of Rome，约 170 – 约 236）将教会比作一艘在暴风雨中颠簸的小船。“世界是海洋，教会则像一艘船，虽被海浪不停击打，却始终没有沉没。”然而，被主流文化倾覆的风险是真实存在的。教会若要幸免于难，就必须保持其完整性。

信经是确认、维持和保护基督徒身份的一种方式。背诵信经确保信徒个体及基督徒群体是**与众不同**的。信经提醒信徒留意他们真正的身份和目标。虽然他们还在这个世界生活劳作，信经所呈现的真实“全景”却表明他们的希望寄于别处。基督徒可能是一位罗马公民，但天上公民的身份远比这重要。

时至今日，这一点依然影响深远，尤其是对那些基督教占有重要历史地位的国家。在美国，基督教可以轻易成为主流文化的一部分，一种为美国文化披上宗教外衣的“公民宗教”（civil religion）。然而，基督教不是、也绝不能成为世俗传统价值观的堡垒。举例来说，尽管有些人认为教会应该成为传统婚姻观念的捍卫者，但我们在新约或早期基督教中却找不到类似的观点。将教会简单理解为传统的储藏室，借助宗教力量支持那些受到威胁的文化价值，这种做法是十分危险的。

第二次世界大战期间，塞耶斯在英国发表《信经还是混乱？》（Creed or Chaos?）这一演说，极好地论述了这一点。当时，许多人担心纳粹主义兴起和德军在西欧迅猛的军事扩张已经对传统道德观念构成威胁。塞耶斯认为，道德观念反映了道德背后的信条，而人们用之来为道德观念的可信度辩护。英国的知识分子急于摆脱基督教思想，却想保留住基督教的道德框架，他们没有意识到，基督教的价值观是无法脱离其根基而独立存在的。纳粹信仰衍生出一套道德价值观念体系，基督教信仰则产生了另一套价值体系。放弃基督教世界观，就不可能保留基督教伦理。塞耶斯嘲讽那些世俗主义者试图“坚持某种源于基督教教义的道德价值标准”，与此同时却竭力摆脱“这些价值观念唯一的理性基础——教义”。[9]

最后，塞耶斯直言，真正的战争无关乎道德价值，而在于道德价值背后的世界观。保护基督教的独特性是维护基督教价值观的根本前提。教义阐述了基督教对现实的独到“视角”，并提醒基督徒，他们的生活和思想的形成最终都受到这种观念的影响。没有教义，道德就会出现混乱。一个“没有教义的”基督教是不可能存在的，因为基督徒必须思考他们信仰的本质及其对生活方式的影响。

我们花了很长篇幅来探讨基督教信仰的本质和信经在基督徒生活中的地位。接下来，我们还需要思考基督教的另一重大主题——信仰给生活方式带来的转变。我们将在下一章讨论这一点，让我们首先来看信经的开场白：“我信”。

第5章 “我信”：走进“全景”

“我信”。有些人会觉得信经的开场白平淡无力，其实它暗含力量，向世人宣告我们已经寻见人生终极问题的答案，找到了避难所、安放灵魂的锚地和稳立其上的磐石。马丁·路德（Martin Luther, 1486－1543）指出，我们每个人都需要把生命建立在某物或某人之上。“你的上帝就是你得以安顿灵魂、愿意信靠的那位。”[1]

路德认为信心就像一艘小船，即便行在波涛汹涌的大海中，你仍然相信它可以把你从小岛载向岸边。但你是否有足够的信心登船启航？信心既关乎信任，也关乎交托。

我们必须了解信靠的对象。记得那年我还是学生时，有位同学要去希思罗机场（Heathrow

airport)搭乘早间航班前往苏黎世参加面试。我问他如何确保准点到达,他笑着说,他的密友答应第二天凌晨四点驾车送他去机场,车程约一个小时。我深感惊讶,因为他的这位密友是出了名的不靠谱。但我心想自己也许有误判的时候。

几天后我见到这位朋友,询问他面试的结果。他垂头丧气地说自己没去成苏黎世。事实上,他连机场都没去成。那位答应开车送他的朋友把这事忘得一干二净,根本没有露面。(后来虽然面试改期了,他还是没能拿到这份工作。)

我们往往付出惨痛的代价,才懂得有些人值得信赖,有些人却不值得。我们常常看到,有人将自己毕生的积蓄托付给那些许诺可以让他们迅速发财致富的“专家”。一个月后,他们的积蓄随“专家”一起蒸发了。你可能觉得信任他人是好事,符合基督教信仰,但并非人人都值得我们信任。

信仰、信任和安全感

信经指出谁是可以信赖的,何处可以寻得安全感。不仅如此,众前辈视信经为久经考验的总结信仰实质的方式,这令我们颇感欣慰。他们已经开启了人生之谜的大门,并把钥匙交给我们使用。

信经的开场白——“我信”——表明信仰的焦点是个体。这种看待事物的方式可圈可点。一种对基督教信仰的经典理解是它能够改变个体生命。举例而言，福音书记载耶稣基督的事工，常常提到个体（比如撒该，路19：1－10）生命与耶稣相遇时发生的翻转。

基督教的“全景”坚持认为每一位信徒都很重要。上帝知道我们每个人的名字，也会保留我们在新耶路撒冷的个体身份。那种像水滴被大海吞噬一般湮没个体独特性的情况是不会发生的。当我们意识到上帝了解、深爱着我们每一个人时，“我信上帝”的宣告便得到回应。

然而，基督教也是群体的信仰。古往今来的基督徒作家认识到，信仰生活只有当我们与其他信徒建立关系时才最为真实。我们互相帮助，更深经历信仰的丰盛；我们在试炼中相互支持，肯定对方的长处，担当彼此的软弱。迪特里希·朋霍费尔（Dietrich Bonhoeffer，1906－1945）的名作《团契生活》（*Life Together*，1938）强调了基督教团契生活是从基督教信仰的核心主题中自然产生的。

在我们进入基督徒团契生活以先，上帝早已为我们的团契立下唯一的根基，早已将我们与其他基督徒在耶稣基督里联结为一个肢体。因此，我们是以感恩的受惠者而非施与者的身份进入团契生活的。[2]

有鉴于此，背诵信经是一种群体的见证，而非简单的个人认信。不是我独自一人相信上帝，而是从古迄今众信徒和我拥有共同的信仰。通过用信经限定信仰的界线，我与众信徒同列、同属于一个群体。透过信心的世界，可以看到经验的世界。

因此，信经有效地防止我们陷入特立独行的个人主义（individualism，比如“这是我的理解，所以一定是正确的”），或是片面地解释信仰，从而错过其他基督徒先于我们或在我们周围发现的信仰的丰盛。基督教需要被生命的活水不断更新。信经好比水渠，把我们与信仰的源泉和忠信的先辈连在一起。

信经的开场白既是一份邀请，也是一种肯定。它邀请我们分享亚伯拉罕的信仰，相信上帝的应许，走进未知世界（创 12：1－4）。在亚伯拉罕以后，多如海沙的人选择信靠同一位赐下喜乐、翻转生命的上帝。是的，基督教关乎我们所信的思想，但根本上是关乎上帝——我们信靠他，并以他作我们人生的基石和北极星。

基督教使我们看清事物的本来面目，并引领我们到可信靠之物（和人）面前。信心关乎我们获得人生的安全感，与上帝紧紧相连，让他作我们“坚固的磐石”和“保障”（诗 31：2）。从这片安稳之地向外望去，我们可以看到被上帝照亮的真实世界。或许这就是诗人想要表达的情感：

耶和华是我的亮光，是我的拯救，
我还怕谁呢？
耶和华是我性命的保障，
我还惧谁呢？
（诗 27：1）

信是“所望之事的实底，是未见之事的确据”（来 11：1）。我们在信心与希望中前行，虽然尚未完全得着那应许承受的产业，但一只脚已迈进崭新的、即将降临的国度。尽管生活在这个世界，我们真正的家乡却在天上。信心就是伸出双手迎接未来的事物，拥抱和期待将来的喜乐。信心也是相信并走进基督教信仰的全景，成为整幅画面的一部分，而不只是从外面观望。这一点非常重要，我们下面将进一步讨论。

走进“全景”

对于基督教信仰，我们需要回答三个基本问题。首先，为什么相信它是正确的？有什么理由相信？第二，如何理解信仰？怎样解释是最佳的？第三，信仰带来了什么改变？如果信仰是正确的，它如何影响了我们的生活？

在本章，我们将重点回答第三个问题，为接下来四册书的探讨做铺垫。如果既有的基督教教义——如道成肉身或三位一体——是正确的，它如何改变了我们的思维及生活方式？要回答这一重要问题，我们需要更深入地思考基督教的“全景”——基督教信仰所固有的丰富广阔的看待所有事物的方式。

前文(第40页)我们提到过伊夫林·沃，他通过基督教信仰第一次看清了事物。让我们用心体会他的感悟，仔细品读他的话语，感受其比喻的魅力。

归信就好似跨过壁炉台，从镜中荒诞的幻境中走出来，进入上帝创造的真实世界中，从而开启了美好且奇妙无穷的探索之旅。

沃描写的是离开一个扭曲虚幻的世界，进入上帝创造的真实世界——基督教信仰的全景——并感受到思想和生活随之发生的改变。

我看过1964年上映的一部精彩的电影《欢乐满人间》(Mary Poppins)。影片讲述了新保姆如何唤醒伦敦银行家一家人沉闷的体面生活。其中一个场景吸引了我。朱莉·安德鲁斯和迪克·范·戴克停下来欣赏伦敦街头的粉笔画——随即走进画中，来到一个全新的世界。一方面我对这种多愁善感的荒诞不屑一顾，另一方面却为如此富有想象力的冒险而感到惊喜。走进另一个世界多么美好！

由此可见，基督教信仰不只是邀请我们**审视**基督教的教义，还鼓励我们走进基督教的世界，**透过**它以崭新的视角看待事物。我们不再简单地“观望”全景而是走进画面，成为其中的一部分。因着信，我们成为一个美好新国度的公民，拥有居住权并渴望探索。信经为我们提供了一张全新世界的地图，一个聚焦美景的镜头，一盏照亮幽谷的明灯。信经旨在帮助我们探索这个世界，找到方向，并去适应其中的生活。

思考这个世界

现在，我们已经认识到，这个世界是我们通往真正家园的必经之路，而非家园本身。因此我们可以用新视角来看待它，无需以此为现实的界限。不过，基督教看待事物的方式并非逃离一个看得见、摸得着、感受得到的真实世界，而躲进某个虚无缥缈的世界。相反，基督教让我们认识到眼前**这个**世界才是虚幻朦胧的，终将被一个更丰盛的新世界取而代之。我们现在看到的只是影像，完整的实相尚未到来。

这有点像《黑客帝国》(The Matrix, 1999)传递的信息。这部高度原创的电影表达了这样一个理念：我们生活在一个看似完全真实的世界，并且接受了它为我们划定的边界。但是，任何走出这个世界，从外面的新视角审视这个世界的人都会发现真相——与外面真实的世界相比，我们生活的世界是那样苍白平淡、阴暗虚无，它是宏伟现实的模拟和复制。一旦我们看到这个宏伟的现实，就能够以新的眼光看待自己世界的时间和空间，认清事实真相。从基督教的视角出发，人们就难以忽略所对应的外部世界。

回想柏拉图关于洞穴的比喻(第33页)，想象身陷地下洞穴的一群囚犯只能感知世界的影像。这个洞穴很现实。只是囚犯们不知道洞穴之外存在一个更宏伟的现实世界。他们以为摇曳的影像就是自然和现实的全部，他们心中的**家园**实际上是**囚笼**。只有走出洞穴看过外面世界的人才知道真相。

想象有一个人来自外面的世界，他走进这个幽暗的洞穴，画了一幅图，为的是让穴居人看到他们所居住的阴暗洞穴其实是宏伟现实的一部分。他想引领囚犯们走出洞穴，进入光明美好的外部世界。其实，这就是基督教启示和救赎的涵义。拿撒勒人耶稣既为我们展现了事物的真面目，也使新生活成为可能。

这也是《约翰福音》的主题——拿撒勒人耶稣“来到世上”，是“真光，照亮每一个人”（约1：9）。耶稣基督“道成了肉身，住在我们中间”（约1：14）。他是“世上的光”（约8：12，9：5），借着这光我们看到世界的本来面目。他指给我们另一个世界，并且在那里为我们预备了地方，那是我们真正的归宿。我将在本套丛书的第三册深入探讨这些概念。

柏拉图的洞穴比喻有助于我们理解基督教信仰的三个关键点——接受、信靠和更新。我们身陷幽暗、烟雾弥漫的洞穴，原以为这就是生活的全部。后来一个陌生人走进洞穴告诉我们事实并非如此。他启发我们以不同的视角来审视周围的环境。渐渐地，我们相信或许存在一个更美好的世界，那里才是我们真正的归宿。如果这位陌生人值得信赖，我们这些囚犯从此就得自由了。因为他应许脱去我们的捆绑，带我们走出黑暗，进入光明自由的国度。这位陌生人是否值得信赖？我们真的想要自由吗？（留在原地会不会更安全？）

换另一种表达则可以说，基督教信仰使我们认识到自己是破碎、受伤和需要医治的。单看这一点令人觉得很不幸，但也有好消息。初代基督徒使用希腊文 *evangelion*（“好消息”/“福音”）来表达信仰，因为他们相信其点燃**希望**的力量。“使人有盼望的上帝”揭示出我们身边令人不安的事实，但上帝可以带来改变。福音还提到光照与更新变化。我们虽身患疾病，却被应许病得医治；我们虽身陷囹圄，有一位救赎主却愿意将门打开，让我们得享自由，重返天家。我们只需欣然接受这样的邀请。

当然，我们可以从不同角度打量这个世界。那些笃信“所见即所得”之人，正在一条单行道上驶向无情的死亡与糜烂腐朽。“吃喝玩乐，只争朝夕。”

基督徒虽与他们身处同一个世界，却在信仰的光照下看到全然不同的景致。这不是说我们**创造**了意义，而是我们能够**领悟**到真谛，看清事物的**本真**。

C. S. 路易斯在1931年归信基督教后，写了一部名为《天路回程》（*The Pilgrim's Regress*，1933）的寓言，讲述基督教视角与思维如何重塑了他的生活。这本书被公认为是他最晦涩难懂的一部作品，不过耐心的读者却会得到回报。路易斯在书中讲述了一名“朝圣者”（其实是稍加修饰的作者本人）被一座神秘岛所吸引，心向往之。在一位导师的陪同下，他经过长途跋涉，终于到达该岛。这是历史性的一刻，无奈时间已满，他必须按照原路返回。这是本书最有意思的部分。

“朝圣者”接受了信仰，原路返回，途经相同的景致——即书名中的“回程”（regress）——却发现景色不再一样。导师解释说，因为拥有了新的眼光，他现在看到的才是“这片土地本来的样子”。“你的眼光改变了，现在看到的才是现实。”[3]

路易斯在本书中表达了圣经的观点，即我们与永生上帝的相遇改变了我们的视野。新约使用了三个鲜明的意象帮助我们理解这一点：除去眼前的面纱、视力得以恢复、眼睛上的鳞片脱落。这三种情形都挪去了阻挡我们看清事物的障碍。一旦认清真相,生活即刻发生翻转。

阳台与道路

为了深入探讨这一点,我们来看一个发人深省的比喻,这在约翰·亚历山大·麦凯(John Alexander Mackay, 1889 – 1983)的著作中可以找到。麦凯是一位苏格兰神学家,凭借出色的学术成就当上普林斯顿神学院(Princeton Theological Seminary)的院长。二十多岁时,他在马德里学了一年西班牙语,为去拉美宣教做准备。他著名的比喻——“阳台”与“道路”的视角对比[4]——其灵感便来自对生活在马德里和萨拉曼卡(位于首都西北部一百多英里的古老大学城)的西班牙人茶余饭后闲暇时光的观察。让我们来看看他的思考。

想象西班牙一座小镇的街道,夜晚燥热,有些人边散步边谈论生活,有些人坐在楼房阳台上俯瞰楼下热闹的场面。居高临下的有利位置,让他们可以边做自己的事,边侧耳倾听过往行人的对话。阳台上的人们观看楼下来来往往的行人过客,却没有参与其中。

麦凯将“阳台”与“道路”视为理解基督教信仰

的两种截然不同的“视角”和方式。阳台代表着“超然的观众，生命和宇宙是他们研究与沉思的永恒对象”。信仰为我们提供了有利的高度，使我们以崭新的视角看待事物。这无疑是我们已经讨论过的基督教信仰的核心主题之一。

不过麦凯认为，真正的信仰是在“旅途中作出选择并付诸行动”。这种信仰是一种生活方式——决定做什么、去哪里、怎样生活。阳台上的是旁观者，旅途中的是行动者。阳台上的人也许会望着下面匆匆的过客，漫不经心地猜测他们会往哪里去、在想什么、前面的路通向何方。可一旦踏上征途，这些问题就不再是闲谈和推测，而是变得实际且重要。麦凯认为，基督教是行在路上的信仰。它不仅赋予事物意义，更教导我们顺服——在天路历程中持守真道，活出信仰。

探讨“苦难的奥秘”时，站在阳台角度看，苦难像是一个逻辑问题：为什么慈爱的上帝允许苦难存在？当人在旅途，应对苦难便成为非常现实的问题：我们如何在苦难中持守信心？怎样才能激励身处困境的人，让他们得到安慰？

阳台的视角也很重要。它提供的“全景”帮助我们更好地俯视细节。就好比拥有一张景区地图，但不能把时间都花在研究地图上。人生有许多比空想更重要的事情。我们迟早都要启程去探索、旅行、生活。地图使我们确信前方有一条路通向目的地。地图可以指引我们走向终点,但在绝大部分时间里,我们是行在路上。

这也是很多人认为基督徒传记比神学著作更有用、也更吸引人的原因。传记讲述的是一个真实的生命故事,是一个人在参透了信仰生活的真谛后,留给世人的忠告、智慧和勉励。“这是我曾遇到的问题。这一点我认为很有用,或许能帮到你。”至于神学著作,或许能使读者更好地理解事物(尽管大多数不能),但那仅仅停留在阳台上。旅途中,那些早已走过信仰之路的良伴可以将沿途总结出的智慧传授给我们。

回顾前人的智慧榜样有助于我们前行。那些已经走完这段旅途的先辈留给我们许多鼓励和引导。伟大的苏格兰传教士贺雷修斯·波纳(Horatius Bonar, 1808－1889)就是其中一位。他创作的赞美诗《主啊!充满我生命》(Fill thou my life, O Lord my God)和《我听耶稣慈声》(I heard the voice of Jesus say)家喻户晓。波纳对苦难的理解,不是停留于抽象的神学层面,而是亲身的经历和体会。他有五个孩子都夭折了，他挣扎着去理解，当他定睛于上帝的怜悯时——上帝以基督的身份来到充满苦难的人间——便得到了安慰。

> 我们与基督一同受苦，这是何等的荣耀！我们与他同受一洗，喝下他的苦杯；与他一同悲伤，就像有一天我们将与他同享喜悦！这是何等的安慰与鼓励！如果我们经受了凌辱、羞耻和贫穷，请记得他也有过同样的经历。如果我们必须走进客西马尼园或走上十字架，请记得他在我们之前就已到过那里。[5]

但我们不只可以从历史中寻求智慧和安慰。阳台与道路的比喻提醒我们，**此时此刻**身边同行的信徒有多么重要，他们一路给予我们莫大的安慰和鼓励，彼此分享如何走出丧亲之痛，如何面对失望与挫败；一同分享成功与喜悦。同奔天路本应如此。我们将在本套丛书的第四册和第五册详细阐述这一点。

信心和行为

那么，基督教看待事物的方式如何影响我们的生活？伦理学中一个最基本也最重要的观点是，我们看待事物的方式决定了我们的行为。记得多年前，我在拜访一位校友时被他的宠物狗袭击了。那只狗脾气很坏，又脏又老。朋友因此向我道歉，告诉我这只狗曾属于他挚爱的祖母。一年前，祖母在弥留之际嘱咐他照看爱犬余下的日子。在我眼里，这是一只惹人厌烦的老狗；于他而言，却是联结过去的纽带，是至亲留下的心爱的宠物，因此意义非凡。

相信读者都看到了问题所在。我对朋友的狗避之唯恐不及，他却将其视为祖母的托付，要对它负责。我们对待同一动物的态度截然不同。

再回到坎福德学校和那块石头。多数人都觉得石头是块负担，除了支撑镖靶外别无它用，后来有人认出它的来历和真实价值。一夜之间，麻烦变为宝贝，石头自此得到了最精心的呵护！

我们看待生活的方式会影响我们的行为。罗马帝国统治者曾注意到一件事，就是早期的基督徒甘愿为信仰殉道。虽然罗马统治者会定期处死一些参加基督教敬拜或拒绝崇拜皇帝的基督徒，但第一代基督徒宁死也不放弃信仰。为什么？**是因为他们看待生命的方式**。生命诚然可贵，但对天上的盼望超越了生命本身。公元258年，迦太基的主教西普里安殉道(第22页)，他有力地表达了这一观点：

> 我们在这世上好像异乡客与朝圣者。让我们为归回天家而欢喜快乐吧——我们终将离开世界，脱去捆绑，荣归乐园与天堂。那些漂泊异乡的人哪，有谁不愿早日回到自己的故乡呢？[6]

西普里安描绘出一幅全景，这使人们以崭新的视角看待生命与死亡，从而影响了基督徒的行为方式。从基督教视角看，我们是被放逐到地上的“天国公民”，坚信并盼望回归故里。

放逐这一主题在基督教灵性观中扮演着重要角色，也为奔走天路的我们提供了看清现状、坚定信心与希望的背景。公元6世纪，耶路撒冷绝大多数犹太人被掳到巴比伦，这便是基督徒人生的缩影。占领犹大的巴比伦决意惩治这个叛逆的民族，但那些被放逐的人们在漫长严酷的流亡岁月中，靠着坚定的信心，守住了对故乡的记忆和对归回的企盼。《诗篇》137：1中熟悉的话语寄托了这份哀思：

我们曾在巴比伦的河边坐下，
一追想锡安就哭了。

基督教的全景使我们认识到自己是地上的流亡者——在洞穴里(回想柏拉图的比喻)——与我们的故乡切断了联系，却一心渴望回归故里，那里才是我们真正的归宿。因此，基督徒的人生处在历史与未来之间，一端是**回忆**，一端是**盼望**。我们会记念，也会期待。回顾过去，我们看到上帝借着十字架和耶稣基督的复活使我们脱离罪恶、死亡和绝望的伟大救赎；展望未来，我们满心盼望进入新耶路撒冷。

这为我们提供了生活在世的框架(framework)。有许多事等着我们去做，如关爱他人、事奉上帝。也有许多事等着我们去享受，如自然之美、亲友的陪伴与安慰。但这些都是那将要到来的更伟大、更美好事物的铺垫。C. S. 路易斯中肯地表达了这一观点：我们必须小心，“永远不要鄙视尘世的幸福，不存感恩之心；另一方面，永远不要将他们误当作那个真实的东西，它们不过是摹本、回声或影子”。[7]摹本原是好的，但实物更美好。当我们必须转身离开这些回声和影子时，应当为此高兴，因为我们将从好的迈向最好的。

小时候，我被迫去学习诗歌。学校老师可能以为诗歌具有“教育意义”，甚至满怀希望地认为诗歌可以将我变成更好的人。爱尔兰诗人弗雷德里克·兰布里奇（Frederick Langbridge，1849－1922）的短诗便是一例：

两个人从同一个铁窗口观望，
一个人看到满地泥泞，
另一个人看到满天星辰。

人们在相同的境遇却可以有不同的心境。我们的信仰决定了我们的视野。有人向下看到“满地泥泞”——枯燥无味、毫无意义的人生，终点是同样没有意义的死亡。但也有人抬头望见“满天星辰”——身为基督徒的我们要放飞心灵，向天国翱翔，在那里拿撒勒人耶稣已经为我们预备了地方（西3：1－4）。

类似的例子比比皆是。基督教的全景给诸如财富和个人地位等事物的真实价值打了个问号，它们是这个世界推崇备至的事物。某种程度上，这些事物已经贬值。相反，基督徒更看重服侍他人，以照顾那些世人眼中无足轻重的人为满足。“基督教所宣扬的是看似一文不值的事物之无限价值,以及看似价值连城的事物之毫无价值。”(朋霍费尔)

有些人视地球为任我所用的资源,可以随己所好,任意待之。然而基督教的创造论告诉我们,这个世界不属于我们,而属于上帝。他将世界托付给我们,我们是世界的管家。创造论为我们的道德反省提供了全然不同的框架。

对基督的信心:早期基督教的意象

本书已花了相当篇幅介绍了早期基督徒的经历。当我们继续思考自己的人生旅途时,我们可以从象征拿撒勒人耶稣这位“不能看见之上帝的像”(西 1:15)的意象中得到许多启发。早期基督徒正是借助这些意象来审视他们的信仰。[8]

罗马帝国的敌对态度迫使早期基督徒转移到地下。基督徒向下挖到罗马城地下松软的玄武岩,修了长长的隧道。这成为基督徒聚会、祷告、敬拜和安葬的场所。他们在地下墓穴的墙壁上画满震撼人心的图像,其中最著名的是鱼。为什么用鱼作信仰的标志呢?除了简便易画之外,希腊文的“鱼”是 *ichthus*,而 i-ch-th-u-s 这些字母正是由希腊文

“耶稣基督、上帝之子、救主”这几个词的首字母组成，它们恰恰是对信仰的概括总结。

其他象征基督的图画也可以在地下墓穴中找到。例如，耶稣时常极为形式化地被戴上光环，类似罗马异教的“太阳神”。这类图像提醒并安慰信徒们，耶稣是“世上的光”（约 8：12），他的到来取代了一切异教神明，使其黯然失色。

在此着重介绍另外两个意象。早期基督徒在危机重重的环境中思考信仰征途，因此这两个意象于他们而言显然极为重要。它们往往同时出现在基督徒的石棺上。第一个意象将基督描绘成一位哲人，一手持着哲学家行走使用的标志性手杖，一手拿着福音书。在古典文化中，哲学家是智慧的导师，其教诲可以使人们泰然面对生死。基督用手杖战胜了死亡，带来福音这个哲学家梦寐以求、如今借着耶稣的到来得以成就的真理，使我们看到事物的本真。

第二个意象将基督描绘为肩上扛羊（路 15：4－5）的好牧人（约 10：14）。牧羊人看顾羊群，因为它们是属他的；他愿意去寻找那些迷途的羔羊，把精疲力竭和受伤的小羊带回家。这就不难理解上帝的怜悯、恩慈和坚贞的爱这一意象对罗马文化（经常对基督徒充满敌意）造成的冲击。这个意象可以极大地安慰今天的基督徒，尤其当他们身处排斥、压迫异己的文化中时。

我们从这两个意象了解到早期基督徒对信仰的理解：坚定、顺服地把自己交托给耶稣基督，俯伏在他的权柄之下。耶稣给生命带来意义与秩序，他时刻与信徒同在，即使在他们为信仰付上生命代价的时候也是如此。我们每当读到公元2、3世纪生活在罗马的基督徒的生命与信仰，总是备受激励。比起那些信仰族谱上的远亲，我们的热忱不过是他们的影子罢了。他们虽早已作古，却仍向我们讲述着福音改变生命的力量。

早期基督徒正如加利利海边的首批门徒，信服耶稣基督的行事为人，于是全身心地去回应他。在周日的秘密集会上，早期基督徒会听到有人大声朗读福音书记载的耶稣的话语和事迹，然后努力效法基督，锤炼自己的生命。耶稣的道路就是他们的道路，耶稣的父上帝就是他们的父上帝。新约提到“我们的主耶稣基督的父上帝”（林后1：3；彼前1：3），这并非偶然。

还有一个常见的地下墓穴符号是锚。它代表着基督教信仰的盼望。新约提到“灵魂的锚，又坚固又牢靠"(来 6：19)，将信徒与复活的基督相连，这激发了早期基督徒的共鸣。虽然在地上的生活充满未知，他们却始终锚定在一个安全之地，就像驶过狂风骤雨回到避风港湾的小舟。他们深知，信徒的日常世界与另一个世界之间存在一条坚固的纽带。基督已进入那个世界中，成为跟随他之人初熟的果子。

早期基督徒如何构画出这一意象？危难中它何以如此鼓舞人心？最简明的答案也许是因为它象征着连结。信徒相信自己与复活的基督相连；在这个世界和那个更深层的现实之间存在着一条牢不可破、坚不可摧的纽带。这种"盼望"并非虚无缥缈、摇摇欲坠的愿景(例如"我希望世界可以变得更美好")，而是坚信无论何事临到，总有一块磐石可以将我们托住。5 世纪初，奥古斯丁曾说过："我住在上帝里面。这里是盼望的寄存处、心灵的锚地，世界的暴风雨无论怎样，都无法把你撕碎。"[9]

信、望、爱

我们已经看到，基督教信仰远不止是"信念"(比如相信有一位上帝)。让我们在本书的结尾部分，总结回顾一下本书的要点，稍作进一步阐释。

要点一，基督教信仰就是找出圣经和信经的全景，体会它的美好以及阐释事物的能力，我们看待世界的角度逐渐改变，直至全然更新。

还记得我在第一章里提到的自制望远镜吗？它由一个捡来的旧相机镜头改装而成。天气晴朗时（北爱尔兰长年多雨），借着它我可以看到木星的卫星和行星的运行轨迹。我曾追踪火星的运动两周之久，却无法理解观察到的现象：火星先是向东移动了几晚，然后似乎静止不动，随后又向西移动，后来它又再次东移。[10] 这令我百思不得其解。

后来我去请教科学老师，他画图讲解地球和火星的相对运动。大约五分钟后，我恍然大悟。**我需要有人来点拨**。老师的讲解极为合理，为什么我自己没有想到呢？

这就是启示的意义所在，即提供一幅无法凭借己力构绘的“全景”。有了这幅“全景”，很多问题便迎刃而解。神学家认为信仰既“超越理性”，也“合乎理性”。我们无法全然参透个中奥秘，必须有人**启发**我们并**展现**事物的本来面目。一旦拥有这样的视野，便会发现个中妙趣。

感受信仰的活力、领悟事物的深层内涵是灵命成长的必经之路。从某种意义上说，信仰的这一层面主要是关乎智性上的接受。尽管我们无法证明基督教看待事物的新角度是正确的，但它如此可信，以至于无数先辈都感受到它的说服力与生命力，因此我们定意立它作生命的根基。背诵信经就像在信仰之路上与前辈手牵着手，一同探讨基督教的要义。

这自然过渡到信仰的要点二，即相信这位上帝和基督教的思维方式，理解其内涵，不停留在对事物“肤浅的解读”上。有一幅“全景”等着我们去发现，它远高过浮光掠影、流于表面的狭隘眼光。尽管身边很多人信奉“所见即所得”，我们却需要更进一步帮助他们拓展视野，擦亮眼睛，了解更深邃、丰富的现实。

要点三，信仰关乎我们的生活方式——走进全景，顺应其规律，融入现实。基督教道德无需借助其他思想来明辨是非，其道德准绳早已存在于“全景”中了。我们只需探索信仰的道德风貌，凡事跟随它的光照与引导。

基督教信仰赋予人类看待问题的新眼光，不再被动接受世俗的观点。“不要效法这个世界，只要心意更新而变化。”（罗 12：2）基督教信仰改变我们的希望、价值观和期待，我们的所是决定我们的所见。基督教改变我们的行事为人，赋予我们崭新的视角。

要点四，基督教信仰并不受限于事物最初的样子。它欣然确信事物是可以改变的。诚然我们皆为罪人，但可以被赦免与更新；诚然我们终有一死，却有机会进入新耶路撒冷，成为那里荣耀的国民。信心和盼望在基督教宣告的信息中密不可分，因为二者皆源于上帝的信实和仁慈。“但愿使人有盼望的上帝，因信将诸般的喜乐平安充满你们的心，使你们借着圣灵的能力大有盼望。”（罗 15：13）

要点五，基督教信仰可以改变我们的行为，影响我们的生活方式。保罗在致信罗马教会时表达出喜悦之情，因为那时候，他们的信德传遍了天下（罗 1：8）。同一封信中，保罗为他们的**顺服**已传于众人而欢喜（罗 16：19）。他将这些内容浓缩在一个希腊短语“信服真道”（罗 1：5；16：26）中，意思是“因信而生的顺服”或“基于信心的顺服”。

令人惊奇的是，对天国的盼望并不像那些耳目闭塞的批评家所言，使基督徒脱离了这个世界。“新耶路撒冷”的异象使我们渴望按照上帝即将降临的国度重塑今天的世界，至少是将天国的价值观和特质带进当今世代。如果天堂不再有任何痛苦

(启 21：4)，为何不现在就伸手帮助身边有困难的人？难怪有那么多基督徒从事医疗和人道主义工作，视之为基督教信仰全景的一部分。

向前迈进

这本导读手册多次使用了“美丽又充满奥秘的风景”这一意象。在接下来的四册书中，我们将观赏风景中的森林河流、溪谷山峰。正如前面提到的，基督教信仰好比一个镜头，借助它景致变得更加清晰；又如一张地图，描绘出沿途地形；更似一盏明灯，照亮前方的道路、身边的幽谷。

我们已对信经的开场白“我信”进行了深入探究。现在让我们准备好向前迈进，走近基督教的上帝。

附录：《使徒信经》和《尼西亚信经》

《使徒信经》

我信上帝，全能的父，创造天地的主，

我信我主耶稣基督，上帝的独生子，
因圣灵感孕，由童贞女马利亚所生，
在本丢·彼拉多手下受难，
被钉于十字架，受死，埋葬；
降在阴间。
第三天从死里复活；
升天，坐在全能父上帝的右边，
将来必从那里降临，审判活人、死人。

我信圣灵，我信圣而公之教会，我信圣徒相通，
我信罪得赦免，我信身体复活，我信永生。
阿们！[1]

《尼西亚信经》

我们信独一的上帝，全能的父，创造天地和可见、不可见万物的主。

我们信独一的主耶稣基督，上帝的独生子，在永恒中为父所生，出于上帝而为上帝，出于光而为光，出于真神而为真神，受生而非被造，与父一体，万物都是借着他造的。

为要拯救我们世人，从天降临，借着圣灵从童贞女马利亚成了肉身，而为真人。

在本丢·彼拉多手下，为我们被钉于十字架上，受死，埋葬。

照圣经所说，第三天复活；

并升天，坐在父的右边。

将来必在荣耀中再次降临，审判活人、死人；他的国度永无穷尽。

我们信圣灵，赐生命的主，从父和子而出，与父和子同受敬拜，同受尊荣，他曾借众先知说话。

我们信独一、神圣、大公、使徒的教会。

我们承认为使罪得赦而设立的独一洗礼。

我们盼望死人复活，

并来世生命。

阿们！[2]

注 释

第 1 章　旅途：发现宇宙意义的线索

1. Jean-Paul Sartre, *Nausea*. New York: New Directions Publishing, 1964, 180.
2. Sartre, *Nausea*, 157.
3. Richard Dawkins, *River Out of Eden: A Darwinian View of Life*. London: Phoenix, 1995, 133.
4. Christopher Hitchens, *God is Not Great*. New York: Twelve, 2007, 5.
5. Richard Dawkins, *A Devil's Chaplain*. London: Weidenfeld & Nicolson, 2003, 34.
6. Max Weber, 'Wissenschaft als Beruf,' in *Gesammelte Aufsätze zur Wissenschaftslehre*. Tübingen: J. C. B. Mohr, 1922, 524 - 555.
7. C. S. Lewis, *Surprised by Joy*. London: HarperCollins, 2002, 197.

8. 参见 Alister E. McGrath, *C. S. Lewis: A Life*. London: Hodder & Stoughton, 2013。
9. C.S. Lewis, *Collected Lettters Volume One: Family Letters 1905 - 1931*, ed. Walter Hooper. London: HarperCollins, 2009.
10. Lewis, *Surprised by Joy*, 221 - 222.
11. Austin Farrer, 'The Christian Apologist,' in *Light on C. S. Lewis*, ed. Jocelyn Gibb. London: Geoffrey Bles, 1965, 26.
12. Michael Polanyi, *The Tacit Dimension*. Garden City, NY: Doubleday, 1967, 24.
13. David Brewster, *Life of Sir Isaac Newton*, new edn, revised W. T. Lynn, London: Tegg, 1875, 303.
14. Augustine of Hippo, *Confessions*, I. 1. 1.
15. Fyodor Dostoyevsky, *The Dream of a Ridiculous Man*. New York: Modern Library, 1992, 335.
16. Letter to Colette O'Niel, 23 October 1916, *The Selected Letters of Bertrand Russell: The Public Years 1914 - 1970*. London: Routledge, 2001, 85.
17. Katharine Tait, *My Father Bertrand Russell*. New York: Harcourt Brace Jovanovich, 1975, 189.
18. C. S. Lewis, *Mere Christianity*. London: HarperCollins, 2002, 135.
19. Virginia Woolf, 'A Sketch of the Past,' in *Moments of*

Being, ed. Jeanne Schulkind, 2nd edn. New York: Harcourt Brace & Company, 1985, 72.

20. Frederick Buechner, *Wishful Thinking*. New York: HarperCollins, 1993, 120.
21. Lewis, *Mere Christianity*, 136 - 137.
22. Richard Rorty, *Consequences of Pragmatism*. Minneapolis: University of Minneapolis Press, 1982, xlii.
23. Lewis, *Mere Christianity*, 21.
24. Benito Mussolini, *Diuturna, 1914-1922: Scritti polemici*. Milan: Casa Editrice Imperia, 1924, 376 - 378. 我将意大利语 *mentalità* 译为"意识形态"(ideology);该词也可译作"心态"(mentality)或者"见解"(intellectual outlook)。
25. Iris Murdoch, 'Vision and Choice in Morality,' *Proceedings of the Aristotelian Society*, Supplementary Volume 30(1956): 32 - 58.
26. Humphrey Carpenter, *W. H. Auden: A Biography*. Boston, MA: Houghton Mifflin Co., 1981, 282 - 283.
27. G. K. Chesterton, *The Everlasting Man*. San Francisco: Ignatius Press, 1993, 105.
28. Plato, *Republic*, 514a - 520a.

第 2 章　地图、透镜与光线：理解事物

1. John M. Russell, *From Nineveh to New York: The Strange Story of the Assyrian Reliefs in the Metropolitan Museum*

and the Hidden Masterpiece at Canford School. New Haven, CT: Yale University Press, 1997, 173 - 189.

2. William James, *The Will to Believe*. New York: Dover Publications, 1956, 51.
3. C. S. Lewis, *An Experiment in Criticism*. Cambridge: Cambridge University Press, 1992, 140 - 141.
4. Letter to Edward Sackville-West, cited in Michael de-la-Noy, *Eddy: The Life of Edward Sackville-West*. London: Bodley Head, 1988, 237.
5. *Macbeth*, V, 5.
6. 'The Elixir,' in F. E. Hutchinson, *The Works of George Herbert*. Oxford: Oxford University Press, 1941, 184.
7. Iris Murdoch, *The Sovereignty of Good*. London: Routledge, 2001, 82.
8. C. S. Lewis, 'Is Theology Poetry?' in *C. S. Lewis: Essay Collection*. London: Collins, 2000, 21.
9. G. K. Chesterton, 'The Return of the Angels,' *Daily News*, 14 March, 1903.
10. Simone Weil, *First and Last Notebooks*. London: Oxford University Press, 1970, 147.

第3章　语言和故事：发现信仰的深层含义

1. Ludwig Wittgenstein, *Remarks on the Philosophy of Psychology*. Oxford: Blackwell, 1980, vol. 2, 687.

2. G. K. Chesterton, *Orthodoxy*. New York: Doubleday, 1956, 78.

3. Alister E. McGrath, *C. S. Lewis: A Life*. London: Hodder & Stoughton, 2013, 335 - 336.

4. Dorothy L. Sayers, *Creed or Chaos?* London: Methuen, 1947, 24.

5. G. K. Chesterton, *Orthodoxy*. New York: Doubleday, 1956, 11.

6. Dorothy L. Sayers, 'Creative Mind,' in *Unpopular Opinions*. New York: Harcourt Brace & Co., 1947, 49.

7. Frederick Buechner, *Wishful Thinking*. New York: HarperCollins, 1993, 76.

第4章 信经：公众眼中的信仰

1. C. S. Lewis, *Surprised by Joy*. London: HarperCollins, 2002, 265.

2. Lewis, *Surprised by Joy*, 264.

3. Tertullian, *On the Prescription of Heretics*, 13. 德尔图良本段内容意指《希伯来书》1：1 - 2："上帝既在古时借着众先知多次多方地晓谕列祖，就在这末世借着他儿子晓谕我们。"

4. Cyril of Jerusalem, *Catechesis* V, 12.

5. *The Martyrdom of Justin*, 1.

6. John of Salisbury, *Metalogicon*, iii, 4.

7. C.S. Lewis, *An Experiment in Criticism.* Cambridge: Cambridge University Press, 1992,137.
8. C.S. Lewis, 'On the Reading of Old Books,' in *C. S. Lewis: Essay Collection*. London: HarperCollins, 2001,440.
9. Dorothy L. Sayers, *Creed or Chaos?* London: Methuen, 1947,33.

第5章 "我信":走进"全景"

1. Martin Luther, *Great Catechism* (1529), III.1.
2. Dietrich Bonhoeffer, *Life Together: A Discussion of Christian Fellowship*. New York: Harper & Row, 1954,28.
3. C.S. Lewis, *The Pilgrim's Regress*, London: Geoffrey Bles, 1950,176-177.
4. John A. Mackay, *A Preface to Christian Theology*. London: Nisbet, 1942,27-53.
5. Horatius Bonar, *The Night of Weeping*. New York: Carter, 1864,164-165.
6. Cyprian of Carthage, *On Mortality*, 7,25.
7. C.S. Lewis, *Mere Christianity.* London: HarperCollins, 2002,137.
8. Jon A.B. Jongeneel, *Jesus Christ in World History*. New York: Peter Lang, 2009,94.

9. Augustine of Hippo, *Sermon* 177,8.

10. 严格地说，这种现象叫做行星的“逆行”（retrograde motion）。当地球在其围绕太阳公转的轨道上超越了一颗带外行星（outer planet）时，就会发生逆行现象。

附录：《使徒信经》和《尼西亚信经》

1. *Common Worship: Services and Prayers for the Church of England*, London: Church House Publishing, 2000,35.

2. 由作者改编自 *Common Worship*, 173。

推荐书目

以下书籍有助于读者学习信经及其相关主题：

Hans Urs von Balthasar，*Credo：Meditations on the Apostle's Creed*. San Francisco：Ignatius Press，2000.

Roger van Harn，ed.，*Exploring and Proclaiming the Apostle's Creed*. Grand Rapids，MI：Eerdmans，2004.

Luke Timothy Johnson，*The Creed：What Christians Believe and Why It Matters*. New York：Doubleday，2003.

J.N.D. Kelly，*Early Christian Creeds*，3rd edn. New York：Continuum，2006.

C.S. Lewis，*Mere Christianity*. London：Collins，2002.

Henri de Lubac，*The Christian Faith：An Essay on the Structure of the Apostle's Faith*. San Francisco：Ignatius Press，1986.

Alister E. McGrath，*Heresy：A History of Defending the Truth*. London：SPCK，2009.

Oliver C. Quick，*Doctrines of the Creed：Their Basis in*

Scripture and Their Meaning Today. London：Nisbet，1938.

Dorothy L. Sayers，*Creed or Chaos*? London：Methuen，1947.

J. S. Whale，*Christian Doctrine*. Cambridge：Cambridge University Press，1941.

Rowan Williams，*Tokens of Trust*：*An Introduction to Christian Belief*. Norwich：Canterbury Press，2007.

Tom Wright，*Simply Christian*. London：SPCK，2006.

Frances Young，*The Making of the Creeds*. London：SCM Press，2002.

如果你想通过学习基督教神学来进一步了解本套丛书接下来讨论的主题，推荐两本无需辅导、可以自学的畅销指导书：

Alister E. McGrath，*Christian Theology*：*An Introduction*，5th edn. Oxford and Malden，MA：Wiley-Blackwell，2010.

Alister E. McGrath，*The Christian Theology Reader*，4th edn. Oxfordand Malden，MA：Wiley-Blackwell，2011.

图书在版编目(CIP)数据

信仰与信经/(英)阿利斯特·麦格拉思(Alister E. McGrath)著;李怡棉译. —上海:上海三联书店,2019.9
ISBN 978-7-5426-6551-5

Ⅰ.①信… Ⅱ.①阿…②李… Ⅲ.①基督教-神学-研究
Ⅳ.①B972

中国版本图书馆CIP数据核字(2018)第254390号

信仰与信经

著　　者/阿利斯特·麦格拉思
译　　者/李怡棉

丛书策划/徐志跃
合作出版/橡树文字工作室
特约编辑/丁祖潘
责任编辑/邱　红　陈泠珅
装帧设计/周周设计局
监　　制/姚　军
责任校对/王凌霄

出版发行/上海三联书店
(200030)中国上海市漕溪北路331号A座6楼
邮购电话/021-22895540
印　　刷/上海南朝印刷有限公司

版　　次/2019年9月第1版
印　　次/2019年9月第1次印刷
开　　本/787×1092　1/32
字　　数/68千字
印　　张/4.625
书　　号/ISBN 978-7-5426-6551-5/B·618
定　　价/38.00元

敬启读者,如发现本书有印装质量问题,请与印刷厂联系021-62213990